Chez le véto

Le Matin Dimanche

Éditions Favre SA

Siège social et bureaux :
29, rue de Bourg – CH-1003 Lausanne
Tél. : +41 (0)21 312 17 17 – Fax : +41 (0)21 320 50 59
lausanne@editionsfavre.com
www.editionsfavre.com

Groupe Libella, Paris

Dépôt légal en Suisse en octobre 2020.

Illustration : © Rodrigue
Couverture : Dynamic19

ISBN : 978-2-8289-1885-9

La maison d'édition Favre bénéficie d'un soutien structurel de l'Office fédéral de la culture pour les années 2016-2020.

Béatrice Guelpa

Chez le véto

FAVRE

Chroniques choisies du Matin Dimanche

Béatrice Guelpa, 2018-2020

Sommaire

Pigeons

Elle entre dans la salle d'attente avec fracas, un chien en laisse et une cage sous le bras. Le chien chahute sur la chaise en plastique gris, la cage tombe. La femme hurle : « Mais quel con ce chien, mais quel con ! » Une assistante se précipite, balai en main, sourire et paroles apaisantes en bouche. La femme redit en redressant la cage : « Quel con ! » Puis, comme pour justifier sa fureur, plus doucement : « C'est le pigeon… je crois qu'il a la variole… » Sans vraiment s'adresser à quelqu'un en particulier, tellement sûre d'être jugée d'avance, elle ajoute qu'ici c'est le seul cabinet vétérinaire qui accepte de soigner les pigeons. Qu'ailleurs, ils les tuent. Tout le monde déteste les pigeons. Même ceux qui disent aimer les animaux. C'est fou, les mensonges qu'on raconte sur ces oiseaux, les maladies, les chiures. « Vous trouvez normal, vous, de vouloir éliminer des animaux juste parce qu'ils chient ? » Les pigeons, ce sont des têtes de Turc. Elle a dit tout cela presque d'une traite. Comme elle aurait donné des petits coups de bec. Avec une colère qui lui prend tout son souffle.

Elle s'appelle Elsa. Elle est asthmatique. Elle a une veste élimée, une longue queue-de-cheval brune et un visage sans âge fatigué. Avant, elle était aide-soignante. Plus maintenant. Maintenant, ce sont les pigeons qui monopolisent son attention. Toute sa compassion. D'ailleurs, lorsqu'elle raconte comment elle en a recueilli un, blessé, comment elle l'a glissé entre son pull et son anorak, puis comment il est mort, là, au creux de son cou, ses gestes sont d'une infinie douceur. Et elle est presque belle.

Elle en a soixante chez elle. Le salon et la salle à manger ont été transformés en pigeonnier. Elle en nourrit 150 autres sur son toit et, tous les deux jours, parcourt des kilomètres pour entreposer des graines dans 35 endroits de la ville : parcs, places, squares. Deux tonnes de grains par an, commandées spécialement en Allemagne. Des dizaines de palettes, 3500 francs par mois. Les chiffres sortent par saccade, par bravade. Presque crachés. Destinés, comme souvent les numéros, à donner du crédit. Une preuve. Une importance. Alors qu'ils soient réels ou fantaisistes, peu importe. L'histoire d'Elsa est poétique.

Cela a commencé par un rêve. Trois pigeons au sommet d'une montagne qui avaient faim. Au matin, elle a vu trois pigeons sur le bord de sa fenêtre, alors elle est allée acheter un sac de graines à la Coop. Puis elle a glissé dans un monde parallèle… Elle a vite entendu parler de ce couple d'Italiens qui nourrissait les bisets, les corneilles, les moineaux. Elle a téléphoné. Elle est tombée sur un veuf. La femme de Mr P. venait de mourir. Elsa dit que jamais personne ne la fera arrêter de nourrir ces oiseaux. Rien ni personne ! Ni les pétitions des voisins ni les amendes. Comme celle de 200 francs, reçue il y a quelques années. Elsa se moque bien de l'article 15 du « Règlement sur la propreté, la salubrité et la sécurité publiques » de la Ville de Genève. « J'ai renvoyé l'amende à Maudet[1] en lui disant que je la paierais quand il n'y aurait plus de dealers dans les rues. » En attendant, elle continue à faire le tour des parcs. Parfois Mr P. l'accompagne, il lui parle un peu

[1] Pierre Maudet, conseiller d'État genevois en charge du département de Justice et Police au moment de cette chronique.

de sa femme. Ils ne sont pas seuls. D'autres se faufilent dans les jardins, la nuit, en cachette, un sac de graines au fond de la poche. « Moi, j'y vais en plein jour ! Depuis que je m'occupe des pigeons, j'ai tout entendu. Mais c'est pas moi la folle, l'anormale. C'est quoi normal, d'abord ? » Comme les pigeons, Elsa a une sale réputation. Et c'est pour ça qu'elle les aime.

Le vétérinaire débarque, la femme rembarque chien et pigeon. Sur la chaise en plastique gris de la salle d'attente, il reste une plume blanche et trois petites fientes.

« Whisky »

Elle est toute petite, mince, les mains nouées par les rhumatismes. Veste brune, pantalon marron, ballerines noires. Elle ouvre délicatement la grille de la cage de son chat et lui parle avec douceur. Elle dit : « Mon amour… » Elle dit, s'adressant à l'homme qui l'a amenée chez le vétérinaire : « Si tous les gens étaient comme mon chat, on vivrait dans un monde en or. » Le chat l'écoute sagement. L'homme, dont le métier est d'assurer le transport des animaux et de leur maître, acquiesce poliment. Alors la dame se lance dans une ode aux chats roux. Symboles de gentillesse en Égypte. « Vous comprenez, ils sont gentils parce qu'ils n'ont pas de prédateurs. Ils se confondent avec le sable. »

Le chat s'appelle *Whisky*. C'est son cinquième chat roux. Il y a eu *Whisky 1*, *Whisky 2*, *Whisky 3*, *Whisky 4* et maintenant *Whisky 5*. Elle ne prononce jamais les numéros. L'homme hésite sur la formulation de la question, puis finit par oser : « … Vous aimez beaucoup cette boisson, hein ? » La dame rigole, mutine. Oui, elle adorait le whisky. Mais elle n'a plus le droit. « À mon âge… »

Elle se penche encore sur la cage. Regarde les yeux verts de son chat, soudain contrariée. « Quand ils deviennent foncés, c'est que quelque chose ne va pas. Ça ne me plaît pas. » Elle inspecte la salle d'un œil circonspect. Ne trouve rien à redire. Quelques caresses. Quelques « Mon amour ». Puis l'assistante du vétérinaire l'appelle. La dame est rousse, bien entendu. Et elle a les mêmes yeux vert clair que son chat.

Reste le transporteur d'animaux dans la salle d'attente. Qui observe un chien entrer tout seul dans le cabinet. Suit une voix masculine amusée : « Un chien qui aime aller chez le vétérinaire, on n'a jamais vu ça ! » Puis un éclat de rire. Son maître, la soixantaine, l'élégance décontractée d'un ancien banquier annonce d'emblée que ce n'est pas son chien mais celui d'une amie. « La dame qui le garde habituellement n'est pas là non plus. Elle a aussi droit à des vacances, alors bon. » Alors bon, il se retrouve ici. Parce que le chien a fait une crise d'épilepsie samedi soir. « À minuit, forcément », précise-t-il en se marrant.

Une conversation s'engage entre les deux hommes. L'ancien banquier parle d'un documentaire sur un type à New York qui a fait fortune en commençant par être promeneur de chiens. Le transporteur d'animaux l'a vu aussi. Un sacré filon ! L'Américain s'est retrouvé à la tête d'une pension de luxe pour animaux dans la banlieue de New York. « Sûr que ça marcherait un truc comme ça à Genève », assure le financier à la retraite.

La discussion se poursuit sur les mérites comparés de diverses pensions locales. Ils tombent d'accord : la meilleure pour les chiens, c'est « Stillwagon ». Mais attention ! Pas question de s'y prendre au dernier moment. « Les gens réservent dès leur retour de vacances pour l'année suivante », avertit l'ancien banquier. « Pour les chats, rien de mieux que « Point du jour », à Essertines, renchérit le transporteur d'animaux. Des suites privatives avec terrasse, le grand luxe. OK, il faut y mettre le prix. Mais le service est impec. »

Un ange passe. Tout petit. Les deux hommes se détendent. Décidément, ils s'entendent bien. Arrive une dame bronzée avec deux chiens, un chihuahua et un terrier, un chat et une petite fille. Le transporteur d'animaux s'exclame, jovial et accueillant: « Ben dites donc, vous êtes venus avec toute la famille ! » La femme bronzée le regarde fièrement: « Oui, tous mes amours sont là ! » Les deux hommes se lancent un rapide coup d'œil. Ils sont d'humeur joyeuse. Alors ils s'esclaffent: « Mais dites donc, ils sont pas tous du même père ? »

La dame en gris

« On ne vient pas pour une chose agréable. » Ce sont les premiers mots qu'elle prononce en entrant dans la salle d'attente. Elle porte un manteau gris, son mari le même manteau mais en brun. Ils ne se déshabillent pas. Ils sont là pour endormir leur chatte âgée de 18 ans. Cela fait des jours qu'elle ne mange plus. Une grosse boule sur le dos. Le vétérinaire a confirmé : il ne peut plus rien faire. Le mari caresse l'animal sans dire un mot. La dame, elle, a besoin de parler. De son chat, de l'actualité, de philosophie, de tout. Il y a des moments où le passé s'invite, souvenirs décousus, tristes et gais. Une vie qui défile soudain en accéléré. Et pour cette femme, c'est maintenant.

Cheveux coupés au carré, visage décidé, elle n'est pas du genre à s'épancher. Pourtant, elle raconte tout. Sa carrière de professeur d'économie, de directrice de collège – alors que c'était un monde d'hommes ! –, puis de femme d'affaires. « Enseigner l'économie, c'est expliquer le passé. Faire marcher une entreprise, c'est tout autre chose. Il faut prendre des risques. »

La chatte se prénomme *Phébée*. Mais personne ne l'a jamais appelée comme ça. « On dit *Minette*. *Phébée*, c'est un nom que les chats n'entendent pas. » Un joli nom grec, pourtant, une idée de sa fille, qui avait récupéré l'animal dans un refuge en France. Plutôt mal en point : « Elle ressemblait à une plaque de beurre. Elle avait dû être lancée contre un mur. Le vétérinaire lui a refait toute la mâchoire. Un travail fantastique, elle est devenue magnifique ! » La femme jette un coup d'œil à la cage et à son mari, qui ne lève toujours pas les yeux. Alors, elle lance en guise d'homélie : « Elle a eu une belle vie… Un chat, ça n'est pas au chômage, un chat, ça ne cherche pas d'emploi. Elle a fait ce qu'elle a voulu. » Puis, avec beaucoup de tendresse : « Elle nous a menés par le bout du nez. » On a un peu du mal à la croire, tant cette femme dégage autorité et énergie. Elle a 75 ans, en fait dix de moins. Toujours au travail. Sûre que les inactifs, à son âge, tombent malades. « On devrait laisser les gens décider de prendre leur retraite quand ils veulent », dit-elle.

La conversation ressemble à une barque sur une mer déchaînée. Une idée chasse l'autre. Ça tangue dans tous les sens. Elle évoque sa fille, devenue avocate, l'immense domaine de son mari, au Québec, sa maison dans la campagne genevoise, en 1968, un lieu jamais fermé à clef, où les étudiants refaisaient le monde. Et son animal préféré : la vache. Parce qu'elles sont belles, fortes et utiles. « Mais bon, vous voyez une vache dans un appartement ? » Franchement ? Non. Elle reprend sur sa vie au Canada et les grizzlis. Raconte comment sa femme de ménage d'alors s'était retrouvée avec un ours sur le capot de sa voiture. Et embraye sur la réintégration des plantigrades dans les Pyrénées. Elle parle et on l'écouterait pendant des heures. Elle aime tellement la vie, la dame en gris.

Le mari caresse encore *Minette*. Elle soupire. « Elle ne le quitte plus depuis trois jours. Elle sait qu'elle va mourir… On le sait tous d'ailleurs. » Le chat est tellement calme. C'est l'un de ses derniers moments. « Elle a eu une belle vie », répète sa maîtresse. « Vous savez, je ne suis pas du genre à croire à ce genre de truc, mais je peux vous dire : je suis du signe du Lion et un lion, ça ne dirige pas un chat. Elle a fait ce qu'elle a voulu. » Une belle vie.

Le vétérinaire vient les chercher. L'homme se lève avec la cage. La dame s'attarde un peu. Au bout d'un moment, elle s'excuse. « Je vais rejoindre mon mari, je ne veux pas le laisser seul. » La salle d'attente est toute vide. Un peu plus tard, le couple quitte le cabinet. Ils marchent rapidement. Ils n'ont pas de cage. Manteau gris, manteau brun. Ils ne se retournent pas.

Mort-aux-rats

C'est une très belle femme. Veste turquoise, pantalon vert, T-shirt blanc, elle pénètre dans la salle d'attente comme on entre dans une boutique chic. Un sac bleu sur l'épaule, avec deux oreilles poilues qui dépassent. Elle dépose le sac, le chien. Un york qui s'appelle *DJ*, parce qu'à l'époque elle écoutait beaucoup de musique et qu'il adorait ça.

DJ a eu trois côtes cassées en décembre. Une histoire terrible qu'elle évoque par bribes. Il a été écrasé par la porte d'un garage. C'était le 23 décembre. « Je ne peux pas vous raconter… J'en suis encore malade rien que d'y repenser. » Mais elle se confie. C'est plus fort qu'elle. Même si elle n'était pas là et qu'elle n'a pas voulu connaître tous les détails, tant elle était sous le choc. Cinq cents kilos sur un chien qui en pèse quatre : *DJ* est un miraculé. Elle insiste. « C'est un survivant ! » avant d'ajouter : « Ce n'est pas la première fois qu'il échappe à la mort… » Il s'est fait renverser par une voiture à Paris alors qu'il n'était qu'un chiot. A échappé à l'amputation, il ne lui manque qu'une phalange. Puis il a survécu à des boulettes de viande empoisonnées à la mort-aux-rats, quelque part dans la capitale française. La femme parle d'une voix grave, sûre d'elle, calme. « À Genève aussi ça existe, il faut faire attention. Il y a eu des cas au parc Bertrand, par exemple. On se donne des alertes entre propriétaires de chiens. » De la mort-aux-rats ? Il y a vraiment des personnes qui font cela ? « Tout le monde n'aime pas les chiens… Il y a bien des gens qui foncent dans la foule avec des camionnettes. Des fous ! » Moment de flottement dans la salle d'attente. Alors, pour donner du crédit à son histoire, elle se met à pianoter sur son téléphone. Plusieurs articles mentionnent des tentatives d'empoisonnement dans des parcs. Le Mouvement de défense des propriétaires de chiens de Genève a rapporté cinq cas fin 2017. La police était sur le coup. La femme à la voix grave ne fabule pas. Elle parle d'expérience. Si *DJ* a survécu aux boulettes toxiques, *Susie*, son berger belge, en est morte. Lorsqu'elle prononce ce prénom, sa voix tremble un peu. Elle décrit l'effet du poison qui agit entre 3 et 48 heures. La soif brutale de *Susie*, puis ses halètements, le ventre gonflé. Les souvenirs remontent, douloureux. Trop. Alors elle résume. « Je l'ai amenée chez un vétérinaire de garde. On m'a dit de ne pas m'inquiéter. À 3 heures du matin ils m'appelaient pour me dire qu'elle était morte. » L'autopsie du berger belge n'a pas laissé la place au doute : intoxication à la mort-aux-rats. C'était il y a cinq ans, et elle en pleure encore. Elle montre une photo sur son portable. *DJ* minuscule et *Susie* qui jouent. Puis deux, trois, quatre. Et c'est toute une vie qui défile entre ses mains. « J'ai fait une dépression après son départ, dit-elle doucement. On était fusionnelles toutes les trois. »

Elle n'a pas porté plainte. À quoi bon ? « Comment savoir où elle a été empoisonnée ? J'ai refait le parcours des dizaines de fois. Bois de Boulogne, parc de Bagatelle, jardins du Trocadéro… Comment être sûre ? » Mais évidemment l'histoire a laissé des traces. À Genève, elle est sur ses gardes, attentive aux affiches, active sur les réseaux sociaux pour éviter d'autres drames.

Soudain, elle remarque un poster intitulé « Intoxication, le coupable peut se cacher chez vous », collé sur la porte vitrée de la salle d'attente. Elle s'approche et lit à haute voix : « Chocolat, je savais, avocat, raisin aussi... Poireau ? Je savais pas ! Vous devriez parler de cela ! Il faut que les gens sachent ! » On lui demande l'âge de *DJ*. Elle soupire. « Dix ans. J'aimerais qu'il ne vieillisse jamais. » Elle caresse son york, le prend dans ses bras. Jette un dernier coup d'œil à l'affiche. « Il faut en parler, hein ? Vraiment ! » Puis, en guise d'au revoir : « Bon, on a des radios à faire, nous ! »

Chocolat

Elle a téléphoné il y a moins d'une heure. Un problème de chocolat avec ses deux bichons. Dans la salle d'attente, on a entendu la voix du vétérinaire qui disait : « Qu'elle vienne leur faire une prise de sang. Mais je vais pas pouvoir récupérer les plaques dans l'estomac ! » Puis une cliente, l'air dramatique : « C'est grave. Le cacao pour un chien, ça peut être mortel… » Aujourd'hui le cabinet se remplit et se vide à toute vitesse.

Une femme blonde déplie un éventail vert au-dessus de la cage de son chat. Elle alterne : un coup pour elle, un coup pour lui. Deux dames avec deux chihuahuas. L'un est malade. « Il est tout triste, ne mange pas, ne boit pas. » Il tremble. L'autre fait le tour de la salle d'attente, un air de propriétaire et lève la patte sur la plante verte. « Non ! » Une jeune fille avec son chat qui a mal au dos. Un homme avec un chien aux yeux vairons, « comme David Bowie ». Une dame à l'accent slave, stressée à cause de son chat allergique. Personne ne sait à quoi. Mais il se gratte. Elle fait le geste, désigne l'arcade sourcilière : « Jusqu'au sang. » Elle a fait le tour des vétérinaires, essayé toutes sortes de médicaments. Mais rien ne marche, à l'entendre. C'est la veille d'un jour férié. Ça défile dans la salle d'attente, comme si les clients anticipaient les douleurs, les complications, les drames.

Puis, enfin, la femme aux bichons débarque en fanfare. Un air enjoué pour masquer son inquiétude : « C'est les bouffeuses de chocolat ! » Elle est menue, porte un pull blanc à longues manches. Ses deux bichons frisés sont blanc immaculé. Toilettés de près. Ils ont avalé 150 grammes de chocolat ce matin. La femme soupire, affiche un sourire légèrement coupable et raconte le péché de gourmandise de ses bichons. « J'ai des fringales nocturnes, alors je cache des sucreries sous mon oreiller… » À midi, à son retour des courses, elle a remarqué une petite tache brune sur l'oreille de l'un des chiens. Puis elle a découvert l'emballage. Vide. « L'une a ouvert la boîte, et la deuxième a tout avalé. Heureusement que je ne mange pas du 80% ! » Au beau milieu de l'explication, la plus jeune chienne vomit sur le lino de la salle d'attente. La femme se précipite, sort des lingettes et commente avec humour : « Ça tombe bien, j'ai justement acheté toutes sortes de détachants ce matin. Pour le chocolat… pour les fruits rouges… » Elle nettoie une patte, un peu son pantalon, puis les deux bichonnes remontent sur ses genoux. La plus âgée a 11 ans, l'autre 15 mois. Elle l'a récupérée d'une amie qui n'a pas pu la garder. « Je l'appelle *Mini* ! Elle imite tout ce que fait la grande. » La grande, c'est *Shana*. « Elle est d'une gentillesse… Elle la laisse même manger dans sa gamelle. Pourtant elles ne viennent pas du tout du même endroit : la première est née à Paris et la seconde en Alsace. » *Mini* a un dernier spasme. L'assistante vient les chercher. Reste la dame slave qui attend des résultats pour son chat allergique. Elle fait les cent pas avec sa tunique verte à paillettes. Elle n'a pas envie de partir.

Soudain un cri : « *Teddy* ! *Teddy* s'est échappé ! » Coup de panique dans la salle d'attente. Tout le monde court après le chihuahua qui est allé faire un tour dans les fourrés alentour. Sur le parking, la femme aux bichons est assise sur un bout de pelouse avec ses deux chiens. Le vétérinaire a donné un vomitif à *Shana* – qui, elle, n'avait pas rendu – par mesure de précaution. Une torture. Surtout pour sa maîtresse. Elle n'a plus du tout envie de faire de l'humour. Elle la caresse, lui parle tout doucement. *Shana* vomit tripes et boyaux. « D'habitude elle a un estomac en béton, elle digère tout. C'est terrible de la voir comme ça… Je vais jeter tout le chocolat que j'ai à la maison. » La chienne semble à bout de forces. La femme se sent de plus en plus mal. Elle le jure. Elle n'en mangera plus jamais.

Perroquets

Il est passé dire bonjour au vétérinaire. Le seul qu'il respecte. Parce qu'il connaît les perroquets. « Enfin... il les connaît en théorie, moi, c'est en pratique ! » Casquette écrue, pull, pantalon et veste kaki, Jean est un rebelle, avec des petits yeux vifs, qui font penser à ceux de ses oiseaux. Il possède entre 200 et 300 perroquets. Des poules. Des coqs. Des perruches. Il ne sait plus très bien. À force de récupérer les perroquets saisis par les douaniers, ceux séquestrés par la police et les Aras dont les particuliers veulent se débarrasser. Après trente-cinq ans d'activité, il a cessé de compter.

Jean hausse les épaules. Les perroquets, c'est plus à la mode. Avant, on en trouvait pour 3000 francs. Aujourd'hui, à 800 francs, on peine à les placer. « Les gens veulent des oiseaux dociles, qui ne crient pas, ne pincent pas. En fait, ils veulent une image, mais vivante. » Sans compter qu'il faut savoir s'en occuper : tailler les becs et les ongles. Au fil des ans, Jean est devenu un spécialiste. « Je suis né dans les bestioles », dit-il. Puis, comme il aime bien choquer, il ajoute. « J'ai tout élevé, j'ai tout tué ! » Un mot sur les « caillasseurs » de boucheries. « Dans le temps, on faisait pas tant de sentiments. Je vendais le kilo de lapin ou de canard à 18 francs. Maintenant, ça vaut plus rien. » Des phrases comme des coups de becs préventifs. Jean, c'est un tendre, malgré ses airs de cow-boy. Un affectif qui n'en fait qu'à sa tête. Vit dans ses volières à Lœx, sur 350 m^2, se moque de certains règlements et lâche en guise de présentation : « Je suis dyslexique à 200%. Chez moi, j'ai pas une propreté de laboratoire. Mais j'en ai rien à foutre. Je vais pas les emmerder tous les jours avec un aspirateur. »

Il s'amuse, provoque, teste. Quitte à irriter les autorités. Il s'en fiche. Viré de tout, comme il dit : école, apprentissage, armée. Libre. Mais rattrapé par les finances. Parce qu'il faut bien les nourrir tous ces oiseaux. À coups de granulés et de 40 kilos de pommes par semaine. « Des goldens, ce sont les seules qu'ils mangent. Elles sont douces. » Un budget de 600 à 700 francs par mois. Un sacré luxe pour cet ancien monteur chauffagiste, ex-menuisier, ex-mécanicien auto et même ancien croque-mort.

Il raconte sa vie dans la salle d'attente. La réalité est en suspens. Et tout d'un coup, ELLE arrive, un perroquet arrimé au guidon d'une sorte de caddie. Elle porte des lunettes de cinéma avec une monture invraisemblable faite de perles roses et bleues. Des anges qui jouent de la lyre posés à chaque coin. Une sculpture. D'énormes boucles d'oreilles, un ras-du-cou en dentelle noire, des barrettes en forme de papillons ou de fleurs accrochées un peu partout sur ses cheveux gris. Elle a 80 ans et un look d'enfer. Son perroquet jaune et vert s'appelle *Lauris*. Il a 30 ans. « Je dis toujours qu'il a 30 ans. » Elle vient pour la toilette annuelle : le bec et les ongles. Jean veut s'approcher. La femme avertit : « Attention, il n'aime pas les inconnus. » Farouche, comme son oiseau, la dame baroque.

Avant, elle en avait onze. C'est le seul qui lui reste. Les autres sont partis chez un ami à Miami. Depuis, ils sont inséparables. Elle n'a plus le droit d'aller à la

Migros avec lui, mais ailleurs dans le centre commercial de Balexert, si. Au restaurant aussi. « Le seul problème, c'est qu'il imite les sons, notamment les cris stridents des enfants qui piquent des crises dans les supermarchés… »

Elle coiffe une mèche fantôme avec ses interminables ongles vernis d'un bleu pailleté, répond à une autre question. « Non, il ne s'échappe pas. Il vole un peu, mais ça ne l'intéresse pas. » La vieille dame parle lentement, joue un peu les stars. Jean s'en va discrètement. Le volatile baille sur le guidon. Elle abrège : « Bon, on va aller manger, nous. On y va, chouchou ? » Un froissement d'ailes. Deux vies cabossées. Retour à la réalité. Tellement banale.

Balance

« Merde, merde, merde ! C'est pour ça que je l'ai promené dehors un bon moment... Je suis vraiment désolée. » Brouhaha à l'accueil. L'assistante du vétérinaire, imperturbable, continue de prendre les infos pour constituer le dossier. Une collègue s'occupe du nettoyage. Et bientôt, une dame rousse entre dans la salle d'attente. Elle peine à tenir son chien en place. Un braque de Weimar, avec un pelage gris magnifique. « Une bombe », dit-elle en tirant sur la laisse, tandis que le chien s'approche du distributeur d'eau et donne des grands coups de langue dans le réceptacle de débordement. « Mais c'est pas vrai ! Il va toutes me les faire ! » Une réprimande de façade. La dame rousse est gênée mais pas trop, et déjà elle sourit. Tente de mettre son chien sur la balance. L'animal bouge dans tous les sens. Impossible de lire le poids qui s'affiche. « Il a été abandonné plein de fois, continue la dame sur un ton d'excuse. Les gens le trouvent beau, mais une fois qu'ils l'ont au bout d'une laisse, c'est une autre histoire... » Elle parle de son animal comme on évoque un enfant turbulent. Avec une pointe de fierté. Elle est heureuse de l'avoir récupéré. « Lui, comme tous les autres. » C'est-à-dire ? Combien ? « Trop. » Soupir. « Tous abandonnés. J'en ai même retrouvé un devant ma porte, un jour. Les gens doivent se dire : un de plus ou de moins... » Combien au total ? Encore une petite hésitation : « 19. »

L'homme qui entre avec un labrador doré et la laisse assortie veut lui aussi peser son chien. C'est comme un réflexe dans cette salle d'attente. Un passage obligé.

Alors bon gré, mal gré, ils y passent tous. Le labrador grimpe sans problème. L'homme hausse les épaules. « Il a encore trop mangé... » Il se retourne, la mine faussement contrite, discret sur le chiffre qui a disparu de l'écran : « Il devrait perdre un peu, c'est sûr. Mais c'est aussi difficile pour lui que pour moi ! »

La suivante est une grosse dame avec un tout petit chien. Il a perdu 100 grammes en trois jours et cela la contrarie. Une ride qui se creuse entre les deux sourcils et elle tourne les talons. Suivent deux Italiennes. L'une perchée au sommet d'escarpins vertigineux, un chien bijouté, avec de fausses pierres précieuses, planté dans un sac. La seconde avec des bas bleus, un short en feutre et un chiot chétif. *Carla* et *Lisa*. Qui se reniflent, se tournent autour et jouent sur la balance, comme s'il s'agissait d'une mini scène de spectacle. La plus petite pèse à peine un kilo. L'homme qui accompagne l'une des Italiennes s'exclame : « Eh ben, elle ne s'est jamais autant pesée ! »

Arrive une femme, tirée dans la salle d'attente par deux lévriers gris. Le premier grimpe sur le rectangle noir, décidément objet de tous les fantasmes : 8 kilos. Le deuxième le suit : 7 kilos. « Pour des jumeaux, ça fait quand même une grande différence », s'exclame la dame, à nouveau traînée hors de la salle d'attente par ses protégés. Maigre répit pour l'appareil. Puis un grand chien noir et blanc rechigne un peu à la pesée. Sa jeune maîtresse insiste. « 39,2 ? J'y crois pas ! » Elle remet le compteur à zéro, fait remonter l'animal d'une main ferme : 39. « Elles sont lourdes ces muselières », lâche-t-elle en laissant la place à un autre candidat, un labrador noir qui, lui, ne fait pas d'histoires. Il monte, renifle chaque recoin, puis s'immobilise comme une statue. « Je t'ai déjà pesé, tu peux venir », lance sa patronne. Aucune réaction de l'animal qui regarde devant lui fixement. « Bon, ben si ça te plaît de rester là, aucun problème. » Plus loin, un homme observe la scène, amusé. « Encore un qui aime aller chez le vétérinaire, dit-il. Il doit se dire que sur un malentendu, on va l'oublier s'il reste là ! » Ça n'a pas marché.

« Sydney »

Elle aurait dû être chien guide pour aveugle. Elle s'appelle *Sydney*. C'est un labrador noir, l'aînée d'une portée de neuf. Sa maîtresse, une femme directe, avec des cheveux noirs coupés court, des lunettes vertes et un foulard orange. « Ce n'est pas moi qui ai choisi le prénom. C'est la fondation *(ndlr: Fondation romande pour chiens guides d'aveugles)*. C'était l'année des S. J'ai eu de la chance qu'elle ne s'appelle pas *Sushi* ! » La femme parle avec assurance, alors, forcément, les regards se tournent vers elle. Et tout le monde écoute l'histoire de *Sydney*. La chienne qui soigne, malgré tout.

Sydney a passé tous les tests pour devenir chien d'aveugle. Mais elle a raté l'examen psychologique. « C'est une dominante, comme sa maman », explique la femme avec une pointe d'orgueil. Les critères étant très stricts, exit la fondation. Fini le destin de chien guide. « C'est moi qui m'en étais occupée à sa naissance. On m'a proposé de la reprendre. » Elles ne se quittent plus depuis neuf ans et demi. « C'est une chienne extraordinaire, elle détecte des maladies… »

Dans la salle d'attente, le bruit de fond des conversations s'étouffe brusquement. On veut connaître la suite. Et la suite, c'est le récit d'une tumeur au pancréas que *Sydney* a permis à sa maîtresse de découvrir à temps. La femme ignore les regards circonspects que se lancent déjà certains voisins, enchaîne : « Un jour, elle a refusé de sortir. J'avais beau tirer sur la laisse, rien à faire, impossible de lui faire passer la porte. J'en pleurais ! »

Un peu plus tard, elle fait un malaise. Le médecin lui diagnostique une tumeur. Depuis, *Sydney* est plus précise qu'un lecteur de glycémie, à en croire sa maîtresse. « Quand je suis en hypo, elle grogne, elle se couche et ne veut plus bouger. Quand je suis en hyper, elle marche de long en large. » Silence étonné. Mais la femme insiste. « Elle a sauvé la vie d'une de mes amies. Elle lui a aussi détecté une tumeur, cancéreuse celle-ci, au pancréas. *Sydney* posait ses pattes sur son ventre avec insistance. » Elle conseille à son amie de faire des examens. Et rebelote. « Les docteurs ont été surpris. C'est rare de pouvoir traiter une tumeur au pancréas aussi précocement. »

Depuis le début du récit, une femme écoute, silencieuse mais attentive, sur le seuil de la salle d'attente. Mince, élancée, une jaquette en laine. *Sydney* et sa maîtresse s'en vont. Un problème à une patte qu'il faut montrer au vétérinaire. La femme silencieuse finit par s'asseoir et regarde, amusée, un dessin animé qui décrypte les facéties de chats. Un chat qui se cache dans un carton de déménagement, déroule du papier WC, griffe la vitre, veut attraper un oiseau sur l'écran de la télé. « Vous avez des chats ? C'est exactement ça ! » La discussion démarre sur les félins. Puis, très vite, dérive sur les dons de *Sydney*. « Je suis concernée très directement par cette maladie. C'est vrai que certains chiens détectent des cancers... » Elle évoque le témoignage d'une Anglaise, il y a plusieurs années. Des essais, des études, avant de hausser les épaules : « Mais tout ça n'est pas bon pour l'industrie pharmaceutique, alors tout va lentement... » Elle s'absente brièvement. Vérification rapide sur Internet. Et surprise. En effet, l'Institut Curie à Paris vient même de démarrer un essai clinique sur les renifleurs de cancer. La femme revient. Elle évoque les capacités olfactives des animaux en général. Puis sa maladie en particulier. Les seins, les os. « Ça fait dix-sept ans que je me traîne ça. » Elle dit que, parfois, elle se décourage. Que ce n'est pas simple de vivre suspendue, ballottée, de supporter l'incertitude et le yo-yo des mauvaises nouvelles. Elle parle aussi de son chat qui a 19 ans. Puis *Sydney* revient dans la salle d'attente. « Voilà, la radio, c'est fait. On verra les résultats », lance sa maîtresse. On reparle de ses pouvoirs étonnants. « Elle va vers les gens qui ne vont pas bien. Parfois, je les aborde et je leur demande : « Ça va ? »

La femme silencieuse a disparu.

L'écuelle bleue

Elle sort une écuelle bleue d'un sac en plastique, agenouillée devant la cage de son chat. Plus un siège de libre dans la salle d'attente. Elle n'a pas voulu déranger. Lunettes de soleil sur le nez, elle répète : « C'est pas grave, ne vous inquiétez pas, tout va bien. » Silence. Bruit de plastique chiffonné. La femme s'adresse à un couple d'hommes avec un yorkshire qui se tient à l'écart. « Il a soif, non ? » dit-elle en proposant son écuelle. Le couple secoue la tête, désigne la fontaine à eau. « Attention, c'est très, très froid ! » lance la femme. Réponse polie mais laconique des deux hommes : « Il adore. » Soupir. Silence. La femme s'ennuie. « Mon chat a 7 ans. Je lui permets un peu tout ! » Elle sourit, faussement coupable. « Il mange avec nous sur la table, il se met dans un coin et il nous regarde. C'est ça, les mamies ! » On sent comme un souffle de réprobation dans la salle d'attente. La femme s'en fiche. Elle fouille de nouveau dans son sac avant de s'adresser à une retraitée distinguée qui tient un dalmatien en laisse. « Vous voulez lui donner à boire ? » Elle tend son écuelle bleue. Signe négatif de la retraitée.

« Il a de l'eczéma sur le ventre, des boutons, il s'arrache la peau », s'exclame-t-elle en regardant son chat. Mine dégoûtée. « On lui a fait des piqûres de cortisone ou un truc comme ça. Ça marche un moment et puis ça recommence. » Pas de réaction. La retraitée et le couple d'hommes regardent ailleurs. La femme ajuste ses lunettes de soleil et continue. « Il s'appelle *Luffy*. Je l'ai eu à 2 ans. Il appartenait à mon fils. »

Une jeune fille entre avec une cage. Elle s'interrompt et lance chaleureuse : « Bonjour ! C'est une minette ? Bonjour, Mademoiselle ! » Elle range l'écuelle bleue dans le sac en plastique. « Il est mort, mon fils. C'était un homosexuel. Il a été assassiné. » Silence de plomb dans la pièce. Plus personne n'ose bouger. Encore moins s'adresser à elle. Elle semble tellement isolée avec son drame. Avec son chat, à genoux dans la salle d'attente. Elle donne des détails. Raconte l'horreur, sa douleur lors du procès, son empathie pour la famille du meurtrier, les 16 ans de prison qui viennent d'être confirmés par le Tribunal fédéral. Elle répète : « J'ai pas fait de dépression. Mais j'ai eu des gros pépins de santé l'année dernière. Un AVC et une tumeur à l'estomac. » La tension retombe. Elle s'approche du dalmatien : « Tu peux venir me dire bonjour ! » Puis elle se tourne vers la jeune fille : « C'est une chatte d'appartement ? » Oui. « On est plus tranquille, hein ? » Sourire encourageant de la jeune fille. « Il s'appelle *Luffy*, le mien ! Quand on va en Valais, on a un appartement, alors on le prend. Mais avec le camping-car j'ose pas. J'ai trop peur de le perdre. Qu'est-ce qu'elle a la vôtre ? » Nouveau sourire gêné :

« Un rhume. On part en vacances demain et comme c'est ma mère qui le garde…

– Le mien, il a tout plein de boutons sous le ventre. Ça lui a pris l'année dernière, quand j'étais à l'hôpital. »

Nouveau silence. Insupportable pour la femme. « J'aime parler, sinon je m'ennuie… J'ai toujours eu des chats. J'étais fille de douanier. On en avait un qui s'appelait *Souris*. Un sacré chasseur ! Il avait été mordu par une vipère. Je me souviens, ma mère m'avait crié : « Va vite chercher ton père à la guérite ! Appelle le vétérinaire, il est au bistrot ! » Elle tend une main en direction du dalmatien.

« *Marquis* ! *Marquis* !

– *Maki* ! » corrige la dame au dalmatien, un peu agacée. « Il s'appelle *Maki*, pas *Marquis* ! » Le chien s'approche. « Je sens bon, hein ? Je sens bon le chat ! » Léchouille du dalmatien sous le regard désapprobateur de sa maîtresse. Puis la voix de l'assistante qui insiste : « *Luffy* ! *Luffy* ? Y a pas de *Luffy* ? » La femme se lève d'un bond. « *Luffy*, c'est moi ! »

Elle embarque son animal, son écuelle bleue et ses histoires.

Deux frères

Ils arrivent dans la salle d'attente en force, en bloc, sans savoir où poser leur casque de moto. Cheveux courts, petite queue-de-cheval à l'arrière du crâne, le plus jeune tient un Tupperware recouvert d'un linge beige. À l'intérieur, un lézard moucheté qui vient d'Afghanistan, *Mushu*. « Comme dans « Mulan », le dessin animé. » Il a 12 ans. Il ne bouge plus. Les deux frères ne savent pas ce qu'il a.

Dans la salle d'attente, tous les regards se tournent vers Steven et Dylan. Priorité à l'exotisme. Au bout d'un moment, une dame se lance : « Je peux voir ? Ça mord ? » Réponse pleine d'assurance d'un des deux jeunes hommes.

« Comme tous les animaux. Quand ça attrape ça lâche pas.

– Moi, je les regarde à la TV, reprend la dame. À la TV, on se rend pas compte. J'aime bien ces gros machins, vous savez, ceux qui ont une collerette ?

– Oui. Un lézard à crête. Ça a un caractère de merde. Ça attaque tout le temps. »

Ah.

Steven est terrariophile. Son frère, lui, est « plus poisson ». La passion du plus jeune pour les reptiles ? « J'adorais les dinosaures quand j'étais petit. Et le truc le plus proche, c'est eux », explique-t-il en désignant le lézard toujours immobile dans sa boîte. « C'est comme avoir un petit dinosaure à la maison. » Il donne un cours sur la nourriture – des grillons vivants –, les provenances, les différences, vante telle ou telle race plus commode pour débuter : gecko léopard ou pogona. Les animaleries qui aujourd'hui vendent de tout. La taille et l'équipement des cages pour maintenir la température à 35 degrés, avec tapis chauffants et lampes spéciales. « Le prix de l'animal, c'est rien, dit-il. Ce qui coûte cher c'est l'électricité. L'électricité, ça tue ! J'en ai pour 100 francs par mois. » Dylan sourit, fier de son cadet qui tient la salle d'attente en haleine.

Nouvelle question de la dame. « Ça vit combien de temps ? » Quinze, vingt ans. « Ah, c'est comme les chiens et les chats alors ! » Légère crispation de Steven. Pas tout à fait quand même. Lui aime les NAC, les nouveaux animaux de compagnie. Tous les NAC. Il a trouvé une mygale à Nyon, dans la rue, il y a quelque temps. « C'est coté 200 francs ! » Inquiétude dans la salle d'attente. Dans la rue ? « Oui. C'est fou ce qu'on trouve dehors. Il y a beaucoup plus de serpents abandonnés que vous ne pensez ! Les gens partent en vacances et s'en débarrassent. »

Il sait tout sur les reptiles. Il a travaillé un peu au vivarium de Meyrin. Des animaux déposés devant la porte, il en a vu. Morts la plupart du temps. « À cause du froid, la nuit. »

Il a aussi des oiseaux. Deux calopsittes aux joues rouges. Un écureuil. Des axolts. Pause interrogative. « Des amphibiens, des tritons, mais en plus joli. » Il sort son portable, montre une photo. « Ah oui, et un crabe *Halloween*. La nuit on l'entend taper avec ses pinces ! »

Après une courte pause, il ajoute : « Coté entre 75 et 120 francs pièce. » Il s'interrompt, réfléchit quelques secondes. « Ça m'amuse pas un chat ou un chien, c'est trop banal. » Rapide coup d'œil alentour. Les chiens et les chats se font tout petits sous les sièges gris. Le frère fait diversion : « Moi, ce que je préfère, c'est ses perruches. »

La conversation glisse à nouveau sur les reptiles et leurs fragilités. Il faut réagir vite. Un jour ou deux après, ils sont morts. Les vétérinaires spécialisés sont durs à trouver. Sans parler du prix. « Le serpent venimeux le moins cher, c'est 15 000 francs. » Steven trouve que c'est bien, « ça limite un peu ». « De toute façon, il faut un certificat pour ce genre d'animaux. » 1000 heures de cours. Lui n'en veut pas. Mais c'est pour une autre raison. « Un cobra, ça mange pas des souris, mais d'autres serpents… Je suis pas sûr que ça me plaise. » Remarque du frère : « On donne bien du poulet aux poulets ! Des fois, tu sais pas ce que tu bouffes dans ton assiette… »

Un moment et quelques chiens et chats plus tard, Steven donne le verdict à sa mère au téléphone. *Mushu* souffre de déshydratation.

Des mondes

Ce jour-là, il y a une dame blonde avec son chien noir et blanc qui a mangé trois souris. Elle attrape un prospectus pour une assurance. « Je vais peut-être finir par vous assurer », dit-elle à son chien en soupirant. Une autre avec un spitz qui renifle méthodiquement la pièce. Un homme et son fils qui viennent pour un certificat destiné à faire passer la frontière à leurs oiseaux. Ils vont au Kosovo. L'homme n'a pas envie de se faire arrêter sur le chemin du retour et d'expliquer aux douaniers que les rossignols vivent en Suisse. « Ils chantent fort, dit-il comme pour convaincre. Surtout le mâle. » Il a pris deux cages pour vérifier laquelle est la plus adéquate. Il veut être en règle. « C'est important », insiste-t-il en faisant des grands gestes. L'enfant laisse tomber un doudou. C'est un oiseau en peluche avec un énorme bec jaune. Les histoires se télescopent. Des mondes se croisent, se toisent, se confrontent, se mélangent parfois, alors qu'ailleurs, ils s'ignorent. Comme si la salle d'attente annulait les classes sociales, les âges, les nationalités. Ici, tous sont des humains, assis côte à côte, tenus en laisse par leurs animaux.

Il y a aussi cette dame blonde qui débarque avec ses trois chiens. Un spitz, un chihuahua et un épagneul japonais. Aboiements aigus. Le spitz. « C'est une gueularde, annonce la dame en guise de bonjour. Elle aboie tout le temps… Pourtant c'est pas faute d'essayer… Elle veut défendre la meute, mais moi j'en peux plus, c'est mon mari qui s'en occupe. » Cette dame qui soupire fort et s'exclame quand on lui demande de quoi souffrent ses chiens. « Eh ben, un vétérinaire l'a raté ! Il a raté l'opération et du coup on a dû aller à Zurich la semaine dernière pour une nouvelle intervention. » Elle a l'air un peu énervée alors on n'insiste pas. En partant elle oublie un trousseau sur le siège. Il y a des clés, un trèfle à quatre feuilles, un bouddha, une main de Fatma, une médaille avec le chiffre 13, un œil, un hérisson. De quoi avoir une sacrée veine, malgré tout.

À côté du trousseau, deux femmes, chacune avec une cage et un chat sur les genoux. L'une tente de prendre une photo de l'animal avec son portable, l'autre répond à un appel avec le kit mains libres et s'interroge sur le traitement à donner à un patient. « On va devoir le perfuser... » Un médecin, sans doute, qui raccroche et fait défiler ses mails. Les deux se lèvent d'un seul bloc à l'approche d'une troisième. Causerie près de l'entrée. Les enfants et les vacances. Ça fait longtemps. Oui vraiment. Les âges correspondent. Ça serait sympa. Longue tentative pour trouver une date qui convient à tout le monde. « Le 20, vous êtes là ? » L'une des femmes embraye sur sa dernière aventure. Elle vient pour le chat de la voisine. Ils sont partis en vacances et il squatte chez elle. « Il dort sur la cuisinière... La plaque en vitrocéramique a l'air de lui plaire. C'est frais. » Elles rient un peu. On passe des problèmes du chat – aux reins –, au fiston de l'autre qui fait un stage chez le véto et a pu suivre l'opération d'un chien.

« Ça a été ?

– Ouais.

– Une opération à 8 heures du matin, évidemment, c'est pas facile... »

La mère est fière de son fils.

« Allez, on file. On se voit le 20. »

Puis un couple avec une cage en plastique et une perruche. Visiblement des habitués. « Qu'est-ce qu'ils nous ont mis aujourd'hui », lance la femme en s'installant face à l'écran TV. Le couple commente le film, la vie des crabes, celle des araignées. On se croirait dans leur salon. Puis soudain elle change de sujet. « Tu te souviens de la dernière fois qu'on est venu ? Il y avait un monsieur qui avait perdu son chat… » Le mari continue de fixer les crabes. La femme insiste. « Un ou deux jours après j'ai entendu à la radio que quelqu'un attrapait des chats. Je ne sais pas si c'était dans son coin. » Léger haussement d'épaules du mari. On ne sait pas… Ils repartent sans un mot. Lui avec sa canne. Elle son oiseau. Des mondes. Un autre monde.

Des animaux par défaut

La maman porte une robe à bretelles. Son fils adolescent des vêtements sombres. Ils regardent un sac noir posé à leurs pieds. Elle ouvre la fermeture éclair. Un peu de paille tombe sur le lino. Grattement dans le sac. C'est deux cochons d'Inde. Deux femelles. L'une est très malade. La mère ne se fait pas d'illusions, elle est déjà passée par là. Elle dit simplement: « Elle fait des sortes de crises d'épilepsie. Les cochons d'Inde ça se soigne très mal. C'est fragile. » Ils s'appellent *Punky* et *Yuki*. *Punky* parce qu'elle a les poils comme un punk, explique l'ado en mimant une crête. Ils ont presque 4 ans. Un bail pour des cochons d'Inde.

Quand ils les ont achetés, l'une était enceinte. Deux semaines plus tard, à leur grande surprise, il y avait un habitant de plus dans la cage. « Mais on n'a pas pu le garder. C'était un mâle et il passait son temps à grimper sur les femelles », raconte la maman avec une grimace de dégoût. Puis, après une seconde de réflexion qui semble durer une éternité.

« On n'allait quand même pas avoir une colonie de cochons d'Inde !

– Alors on l'a donné, conclut le fils. On aurait pu le faire castrer mais c'est quand même très petit. »

Il rougit un peu, ne trouve pas comment terminer sa phrase alors la laisse en suspens. Nouveau silence. Encore un grattement au fond du sac.

Ce qui leur plaît avec ces animaux ? La mère regarde son fils avec l'air de dire : « Vas-y, réponds ! » Mais au bout d'une seconde, elle explique à sa place. « Je ne veux pas de chien ou de chat. Pas dans un appartement… c'est trop, enfin… ça ne va pas. » Elle hausse les sourcils, se tourne vers son ado. « Et puis un chat ou un chien, il faut s'en occuper ! Avec eux, c'est simple. On fait la cage une fois par semaine et c'est bon. » Le fils regarde sa mère et on devine les demandes répétées en vain. Alors elle enfonce le clou en désignant les animaux qui grattent toujours au fond de la besace. « Quand on part en vacances, on prend la cage et on la transporte chez quelqu'un. » Simple les cochons d'Inde. Un peu de paille et l'affaire est dans le sac.

Des animaux presque par défaut. Ce n'est pas la première fois qu'on entend cela dans la salle d'attente. Il y a eu la jeune fille avec son chat. Faute de chien. « J'ai toujours vécu avec un chien chez mes parents, disait-elle. Mais maintenant que j'habite toute seule, c'est compliqué. Un chat, on n'a pas besoin de le sortir. » Son chat, elle l'aimait, c'est sûr. Mais pas comme un chien. « L'attachement n'est pas le même. Un chat, c'est plus indépendant », expliquait-elle pudiquement.

Et puis il y a eu aussi cette jeune femme avec sa robe fleurie et ses deux cages. Deux cages pour deux lapins. Qui ne s'entendent pas. *Sugus* alias *Boubou*, 4 ans et *Canaille*, 3 ans. « J'ai été la chercher à la SPA en pensant que la première s'ennuyait. Résultat, elles se détestent. » La fille rit, ajoute avec un clin d'œil : « Elles s'hainent. »

Un ami a dû lui bricoler une cage sur deux niveaux qui ne communiquent pas. Un véritable petit immeuble dans son salon ! Les lapins sont ensemble, mais sans se croiser. Elle les libère dans l'appartement à tour de rôle. Elle aussi disait, les lapins, c'est pratique pour un jeune adulte. « Moins contraignant qu'un chien ou un chat, mais c'est quand même une présence. » Sympa le soir quand on rentre du boulot. Pratique quand on veut partir un week-end. « Il y a toujours quelqu'un pour s'en occuper. C'est pas compliqué. » Des lapins, c'est mieux que rien, insistait la fille venue pour la visite annuelle : le limage des dents et des ongles.

Et puis, bien sûr, il y a tous ceux qui ne le disent pas. Ceux qui auraient aimé un perroquet mais viennent avec deux perruches. Ceux qui rêvent de serpents mais jettent leur dévolu sur un lézard. Des animaux par défaut. Un peu de vie. Pour combler une absence.

Les Italiens

Ils entrent sans un regard pour les autres. Lui, grand, cheveux blancs, pantalon de travail bleu impeccablement repassé. Elle, petite et toute vêtue de noir. Un chignon, des boucles d'oreilles dorées et un sac à main sombre qu'elle serre contre elle. « Viens *Bouboune* », lance le monsieur à son chien qui a du mal à avancer. L'animal a un « gros » problème au ventre. « Il est tout dur. » Ils sont déjà venus hier. « On t'a fait la radio, hein ? On t'a fait les piqûres, c'est un peu difficile ? » Le mari parle avec le léger accent italien qui traîne dans la voix de ceux qui sont là depuis longtemps. La femme les regarde, mutique. Le chien sans poil du vétérinaire – un xoloitzcuintle du Mexique – entre faire un tour dans la salle d'attente. L'épouse sort de son silence et lance d'un ton inquiet : « Mais t'as été rasé, toi ? » Le mari : « Non, ils sont comme ça. Un copain en avait un pareil... Je me souviens, je lui avais demandé s'il était malade et il s'était fâché. » Il hausse les épaules, l'air encore indigné. « Mais j'en avais jamais vu des comme ça, moi ! »

Des poils, leur chien à eux en a plein. Noirs et blancs. Il s'appelle *Rocky* et il a 15 ans. Le mari : « C'est bientôt, d'ailleurs, non ? » La femme : « Le 22... Hein, boubou. Fais-le asseoir. »

Un jappement. Des « bonjour ! » Un chien court sur pattes qui balaie de la queue la salle d'attente avec une rigueur de métronome. Le couple se regarde, soucieux : les animaux peuvent sortir, avec cette porte vitrée qui s'ouvre à tout moment. Il y a la route. Mais non, ils font attention. Si, si. Ils babillent comme s'ils étaient à la maison. Ils s'entendent bien. Et depuis longtemps sans aucun doute. « Assis, assis. Oui, voilà, tu te fatigueras moins… »

C'est un border collie ? « À moitié », répond la femme.

« Sa maman était un border collie.

– C'est un croisé », ajoute l'homme.

Le chien bave sur le lino. « On ne sait pas ce qu'il a… Tu transpires un peu, hein ? » Le mari regarde son compagnon de route avec tellement de douceur, tant de prévenance.

Puis la voix de l'assistante au téléphone : « Un chien qui est décédé, oui… C'est Cremadog qui va le prendre, oui. » L'homme se penche sur *Rocky*. « Tu veux te coucher ? Si t'es fatigué. Couche-toi ! » Il se tourne vers son épouse :

« Ça va, toi ?

– Pas trop », répond la dame en noir.

Et ils s'en vont.

La voix d'une femme qui entre dans le cabinet vétérinaire brise à nouveau le silence. Une voix âgée qui chuchote presque :

« Elle a 19 ans et 8 mois…

– Vous voulez rester encore un petit moment avec elle ? »

L'assistante installe la voix dans une petite pièce à l'écart. Visiblement, elle va perdre son chat.

Et puis soudain, une apparition. Un bouvier bernois avec un collier rouge à croix blanche. Plus qu'un chien, un cliché. Avec toutefois ce détail qui rend l'allure tout de suite moins suisse. L'animal porte un T-shirt blanc noué autour du dos. Lorsqu'il s'assied, on distingue la date du 4 juillet, et le mot « Amérique ». « C'est un T-shirt de la fête américaine de 1996, s'amuse sa maîtresse. C'était une grande fête à l'époque, ici à Genève. » Dix-sept mois, 43 kilos, la chienne vient d'être stérilisée. Le T-shirt, c'est pour éviter qu'elle se lèche. « C'est sûr, c'est pas très élégant », convient la dame. Pas très, en effet, mais c'est drôle. « Good girl, good girl. » Elle flatte l'encolure de son chien. Les bouviers bernois, elle connaît. Elle en a déjà eu un, il y a vingt ans. « Le problème, c'est qu'ils ne vivent pas vieux. Entre six et dix ans. Plus les chiens sont grands, moins ils vivent longtemps. » Elle soupire, s'interrompt un instant, puis s'exclame avec une moue imperceptible. « Un yorkshire, ça vit quinze ans ! » Elle jette un œil à son immense bouvier, puis mime la grandeur du york imaginaire avec ses deux mains. Deux briques de lait à peine. Et dans sa manière de faire ce geste, on croit percevoir un léger mépris.

Didi et le chihuahua

Un éclat de rire. Une voix joyeuse. La jeune femme débarque avec fracas dans la salle d'attente, un magnifique berger de l'Atlas marocain, couleur dorée, sur les talons. Elle s'appelle Didi et elle a l'énergie d'une centrale nucléaire. Spontanée, vive, bien dans ses chaussures plates, elle raconte immédiatement l'histoire de sa chienne : *Olix*, un animal « né d'une passion… ». Tout un programme. Au bout de sa laisse, le berger bouge presque autant que sa maîtresse. Petite remise à l'ordre, histoire de ménager le suspense, et Didi poursuit le récit. *Olix* est la fille d'une chienne suisse de Sainte-Croix, dont la maîtresse est partie vivre au Maroc. « Elle s'est éprise d'un berger de l'Atlas. Mais la mère a mis bas en Suisse. La maîtresse a préféré rentrer. Au Maroc, ils aiment pas trop les chiens. » Résultat, quatre petits, qui sont partis en un clin d'œil.

Hyperactive, Didi se lève pour demander un truc à l'assistante, son chien toujours à ses basques. À son retour, presque sans transition, elle se met à pester contre l'intolérance des Genevois à l'égard des chiens. « On ne sait plus où les promener. Ils sont interdits partout ! » Elle insiste : « Sur une plage à Versoix, la Bécassine, même les pipis sont bannis. C'est dingue, non ? Je vous jure, il y a un panneau ! » Pourtant, cette plage avait été léguée pour les chiens s'indigne-t-elle. C'est, du moins, ce que racontent les gens dans le quartier. Le propriétaire du château aurait donné en héritage ce bout de terrain à la condition que les animaux y soient admis. Une clause dont tout le monde se fiche aujourd'hui. Un scandale.

« Tenez, il y a quelques mois, une dame avec un enfant m'a hurlé dessus parce que je m'y promenais avec *Olix*. Je veux pas dire, mais cette dame, elle était marocaine. » Elle s'interrompt, surprise de s'entendre, mais soucieuse d'éviter tout malentendu. « J'ai rien contre eux, moi, vous voyez bien ! » dit-t-elle en faisant un clin d'œil en direction de son chien à moitié marocain. Puis elle repart à la charge. « Elle lui a même donné un coup de pied dans les côtes et l'a envoyée valser sur les rochers. Elle avait 3 mois et demi, c'était un bébé ! » Didi s'en étrangle encore de rage. Elle caresse sa chienne, se tait une demi-seconde. « Elle a des oreilles de ouf, hein ? ! Tout le monde craque sur ses oreilles ! » Puis elle lance un sonore : « Viens mistinguette ! » en suivant l'assistante.

Un calme plombé s'abat soudain sur la salle d'attente. Plus un bruit. Seule la présence silencieuse d'un homme chic avec un chihuahua sur les genoux. Le chien tremble comme une feuille. L'homme est désemparé. Impossible de calmer l'animal. « Il a des mauvais souvenirs ici. On lui a arraché toutes les dents. Il faisait des abcès… Ça arrive avec ce genre de chien, ils ne rongent pas assez. » L'homme parle en faisant une grimace de douleur, comme s'il ressentait encore celle de son chien. « Je l'entendais crier depuis le parking… » Puis Didi revient. « Mais qu'est-ce que t'as, toi ? Faut pas trembler comme ça ! » *Olix* renifle sous le siège de l'homme chic, puis se hisse à la hauteur du chihuahua. « Non, on ne grimpe pas sur les proprios des autres ! » Elle rit une fois de plus. Raconte, dans le désordre, qu'elle vient faire un vaccin contre la rage, qu'elle a rencontré un couple qui a ramené un chiot de Bosnie et, enfin, qu'*Olix* sera une chienne voyageuse. « Je suis nomade dans l'âme », précise-t-elle.

Elle a vécu dix ans en Thaïlande, où elle était prof de plongée. « Je suis revenue en Suisse pour que mon fils aille un peu à l'école, mais après, on repartira ». Avant de quitter la salle d'attente, elle me donne son e-mail. Il y a le mot « bulle » dedans et ça la fait rire encore : « C'est parce que je suis plongeuse. » Elle me colle une bise tonique avant de s'en aller. Une tornade Didi. Une tornade souriante. Pas très suisse. Très sympathique.

« Arsène » et la nounou

On ne s'entend plus dans la salle d'attente. Un berger suisse blanc et un setter noir s'aboient dessus. « Ils communiquent... Comme nous », lance une femme compréhensive. « Enfin... un peu plus fort quand même ! » Les deux mâles reprennent de plus belle. Chaque maître tire à fond sur la laisse de son côté. « Un vrai concerto », s'excuse le propriétaire du setter. Les chiens finissent par se tolérer, se taire. Puis s'en aller.

Une femme entre presque sans bruit. On dirait qu'elle glisse. Elle porte une grande caisse plate en plastique gris. Regards interrogatifs des clients. Réponse souveraine de la nouvelle venue : « C'est un serpent roi... Des serpents qui viennent d'Amérique du Nord... » Mais déjà l'assistante emporte la caisse ailleurs. Le serpent roi garde son mystère. Et une tête d'homme apparaît timidement dans l'embrasure de la porte. « Je vérifie qu'il n'y a pas d'autres chiens. Sinon c'est la guerre. » Il sourit comme on s'excuse, entre, rassuré, avec un chien noir et blanc et une femme. Le beagle croisé avec un jack terrier s'appelle *Arsène*, il a 12 ans. Il vient pour un check-up. La femme, c'est Christiane, la nounou du chien. Comme Miguel n'a pas de voiture. Il a bien fallu l'aider à venir jusqu'ici. Pantalon gris, T-shirt avec un aigle, Christiane est soigneusement maquillée et tient un sac en cuir rosé contre sa poitrine. Avant, elle était dans la banque. Maintenant, elle s'occupe d'animaux. Des chiens qu'elle promène, *Arsène* et *Lovely*, de ses chats et de tous les animaux qui lui tombent sous la main. Cochons d'Inde, lapins. Une autre vie depuis la retraite. Une vie qui lui va bien. « Hein, poussin ? » ponctue la nounou en caressant *Arsène*. Miguel, lui, est un débutant. Ou presque. Il n'avait jamais eu de chien avant. D'ailleurs, ce n'est pas tout à fait le sien. C'est celui de sa copine. « Quand je l'ai rencontrée, j'ai pris le multipack, la copine et le chien. » Il s'amuse de sa formule. Christiane rit. Il s'exclame : « Tout change avec un chien ! » Avant d'analyser les bouleversements en termes d'avantages et d'inconvénients. En commençant par les contraintes : ça prend du temps et, pour partir, c'est la galère. Car *Arsène* est malade, un problème d'intestins. « Ces derniers temps, on partait en vacances à tour de rôle. » Rapide échange de regards avec la nounou. On sent poindre l'ombre d'un regret. « Je ne peux pas le garder chez moi, j'ai deux chats », reprend Christiane. Et *Arsène* ne supporte pas les chats. Bref, on se languit de passer à la colonne des plus. Miguel réfléchit : « Ça oblige à bouger ! On a tous tendance parfois à se laisser un peu aller… Là, on ne peut pas, il faut sortir. On est obligé ! » Pause. Approbation de Christiane. « Et puis, pour quelqu'un qui souffrirait de solitude, un chien, c'est le top. Tout le monde vous parle dans la rue quand vous avez un chien. C'est comme quand on sort avec une poussette. Les gens parlent bébés. Là, ils causent… chiens. » La phrase reste en suspension. Le maître s'interroge sur sa dernière comparaison. « Enfin, j'imagine. » Pour masquer une légère gêne, il rit un peu plus fort en regardant *Arsène*. « T'es vraiment une vedette, toi ! »

La femme au serpent repasse comme une ombre dans la salle d'attente. Tout le monde fixe la caisse grise. Miguel embraye sur un vieux souvenir : le python royal d'un ami qu'ils avaient surnommé *Rantanplan,* tellement il était maladroit. « Il y avait une sorte de moquette dans son terrarium. Un jour il s'est pris les dents dans le tapis. Ça avait complètement démystifié l'histoire. On avait perdu toute crainte à le manipuler. » Le vétérinaire interrompt le récit. « Ce soir, champagne ! Y a rien. Sur 40 analyses, y a rien ! » Miguel et Christiane semblent soulagés. « Seulement il faut le mettre un peu à la diète, sinon il va finir carré ! » Rires complices et chuchotement de Miguel : « Je l'appelle déjà *Petit Tonneau*. »

Le prix des bêtes

Il est discret dans la salle d'attente. Cheveux en brosse, jeans, baskets et blouson gris. Il tient un setter noir en laisse et deux téléphones portables. Il ne participe pas aux conversations. Disparaît. Puis revient sans son chien. L'animal est en train de se faire opérer d'une tumeur. Il a 5 ans. « C'est un peu jeune », lâche le post-adolescent sans terminer sa phrase. Il est inquiet mais ne veut pas le montrer. Dévie un peu la conversation sur son boulot — transporteur de marchandises — avant de revenir naturellement à l'essentiel : son setter. « Soit ils enlèvent la tumeur et c'est bon, soit il y a des ramifications ailleurs et... » Une nouvelle phrase inachevée flotte un moment dans la salle d'attente. Pudeur ? Superstition, peut-être. Comme si ce qui n'était pas prononcé à voix haute n'existait pas vraiment.

La tumeur, il s'en est aperçu parce que son chien ne mangeait plus. Il a fallu se décider vite. Il se tait un instant. Puis, la tête rentrée dans les épaules, ajoute avec de nouveaux points de suspension : « Ça coûte des milliers de francs... » Il connaît les tarifs. Cela lui est déjà arrivé il y a deux ans. L'opération avait coûté près de 3000 francs.

Le jeune homme renchérit immédiatement, soucieux de ne pas passer pour un pingre. « Je ne me plains pas, c'est normal ! Je comprends, ils ont des charges, c'est une opération. Mais c'est cher. » L'assurance ? Il y a pensé bien sûr, mais trop tard. « Ils ne prennent que les animaux en bonne santé. » Alors il paie. Il n'a pas le choix. Même si cela rend les fins de mois difficiles. « Je ne partirai pas en vacances l'année prochaine, c'est tout. Voilà, c'est comme ça. » Un soupir imperceptible. Un ou deux e-mails envoyés depuis ses portables pour masquer la gêne d'avoir osé parler d'argent. La crainte d'être jugé, accusé de mettre en balance l'amour pour son animal et son porte-monnaie. Puis il se met à faire l'inventaire des différentes possibilités à voix basse, comme on se parle à soi-même. « À l'étranger, ce serait peut-être mois cher, mais bon, est-ce que ce serait aussi bien fait ? De toute façon, ça ne se passe jamais comme ça. On ne se dit pas quand on vient de diagnostiquer une tumeur à son chien : « OK, je reviens peut-être dans un mois. » Non, c'est une urgence, faut y aller, y a pas à discuter. » Un jeune homme pragmatique. Qui s'excuse une nouvelle fois de jongler avec ses deux téléphones, ses laisses à lui. Il doit absolument répondre. « C'est pour le boulot. » Une manière comme une autre de ne pas penser à la suite. Que faire si les nouvelles ne sont pas bonnes ? Il y a des cliniques spécialisées en Suisse alémanique, il sait. La radiothérapie, tout ça, mais bon. Jusqu'où aller ? « C'est quand même un animal. » Derrière le discours rationnel, on entend pourtant autre chose. Son setter, c'est bien plus que cela. Il dit simplement : « Je l'ai depuis qu'il est tout petit. »

Au bout d'un moment, il raconte cette histoire terrible lue dans un journal il y a longtemps. Celle de cet homme âgé, avec son vieux chien, qui n'avait pas les moyens de le faire soigner. « Il l'a euthanasié lui-même et il a été condamné pour cruauté. Mais que pouvait-il faire ? » Il repart avec ses questions et ses deux téléphones. Son chien va rester quelques heures.

Un peu plus tard, une femme parle, elle aussi, du prix des bêtes. C'est à propos de son chat. Elle non plus n'a pas d'assurance. « Je n'ai entendu que des gens déçus. Toutes les pathologies classiques, ils ne prennent pas. » Elle risque un : « Ça peut être très onéreux », avant d'ajouter un peu trop précipitamment : « Mais quand on aime, on ne compte pas... Un animal, c'est une responsabilité... C'est des questions qu'on doit se poser avant... » Elle se réfugie dans un discours qu'elle croit plus audible. Pourtant, elle aussi laisse ses phrases en suspens.

Coiffée

Neuf heures. Toujours le même suspense. Que va-t-il se passer aujourd'hui ? Comme avant un lever de rideau au théâtre, cette légère appréhension. Et s'il ne se passait rien ? Sur l'écran TV fixé en hauteur dans la salle d'attente : la température du chien, sa fréquence respiratoire, cardiaque : 180 battements par minute pour les races naines ; les dix dangers qui menacent votre perroquet de compagnie, la langue bifide des serpents et les trois semaines de chaleur d'une chatte. Des informations livrées en vrac, sur un arrière-fond de radio qui diffuse de la musique pop. Un miaulement quelque part. Un matin anodin qui sent le café. Les consultations n'ont pas encore commencé. Puis le son de la porte vitrée qui glisse sur ses rails. Comme les trois coups. Ouverture. L'entrée en scène des animaux et des humains.

Une dame avec une jambe cassée et un serre-tête. Sa chienne, un shih tzu, porte un manteau en laine rouge et blanc avec des motifs flocons et sapins. Elle s'appelle *Tika*. « Mais elle ne répond plus, dit sa maîtresse. Elle n'entend plus rien. Elle est vieille. » Elle a 14 ans, un œil presque blanc, une queue avec de longs poils clairs qui balayent le lino de la salle d'attente et une coiffure savante. Une myriade de petits élastiques roses disposés en quinconce au niveau des oreilles. « C'est la toiletteuse ! s'empresse d'expliquer la dame, soucieuse d'éviter tout amalgame. Elle lui fait toujours des coiffures différentes. C'est à chaque fois une petite surprise… » Léger sourire. Un peu de gêne. Un poil de fierté. Sur l'écran, d'autres consignes continuent de défiler : les dents des lapins qui poussent d'un centimètre par mois ; à nouveau les perroquets ; la température rectale du chien : 38,5-39 degrés. Et une pub pour pucer les chats.

Tika vient pour des ultrasons. Un problème aux reins visiblement. La dame à la jambe cassée tente de la peser. En vain. Elle ne sait pas très bien comment s'en sortir entre la laisse et les béquilles. Renonce à son expédition vers la balance. Et reparle de la toiletteuse. « Son magasin est en face de chez Manor. Elle a un site si vous voulez voir ! » Un moment plus tard, hésitant sur l'effet produit, elle conclut : « C'est une race chinoise… Vous savez, ces chiens sont d'accord pour être coiffés. Ça ne les dérange pas. »

Le vétérinaire traverse la salle d'attente avec un gros chat dans les bras. Il a avalé un os. « Alors on va l'opérer. » Il mime un bout de carcasse coincé en travers de la gorge du chat. Rictus polis dans l'assemblée. Une femme referme inconsciemment la cage dans laquelle se terre son chat. À la réception, une voix : « Allô, c'est la SPA ? Une poudre pour les canaris ? Ah… ce n'est pas la SPA ? » La salle d'attente se vide.

Sur le panneau d'affichage, derrière la plante verte, le titre saute enfin aux yeux : « Unis contre le nez plat excessif. Je souffre à bout de souffle ! » Presque un titre de cinéma. C'est un article de l'association pour la médecine des petits animaux, qui parle justement de cette race chinoise, les shih tzu. Car ces chiens, comme les bouledogues français, anglais, carlins ou autres pékinois sont atteints de brachycéphalie canine. Un crâne raccourci, un nez très court, une face écrasée qui les empêche de respirer correctement. Le résultat d'élevages sélectifs et de manipulations génétiques qui ont créé des crânes au « schéma de bébé ». Un faciès enfantin pour certains. Pas une ligne sur la coiffure, mais une mise en garde contre cette mode. Au début du XXe siècle, ces races avaient des museaux plus longs. Attente. Café. Le vétérinaire montre un perroquet qui prend l'air dans la pièce d'à côté. Le volatile vert est agrippé à l'extérieur d'une cage. « Attention, il n'aime pas les femmes ! » Comment ça, il n'aime pas les femmes ? Mince alors, ce n'est pas un perroquet à la mode « hashtag MeToo ». Il faut dire qu'il est vieux. Enfin, dans les 50 ans. Qui sait, les nouvelles générations seront-elles plus fréquentables ?

Les chats des voisins

Elle l'a surnommé *Beauté* parce qu'elle la trouve magnifique et qu'elle ne connaît pas son nom. Ce n'est pas son chat. Cela fait deux semaines qu'elle vient dormir sous sa cuisinière. Visiblement, elle est en fin de vie. Blanche, poils drus, avec des yeux verts, *Beauté* est un mystère. Et la femme assise dans la salle d'attente compte bien l'élucider grâce à sa visite chez le vétérinaire. Qui est son propriétaire ? Ce n'est pas la première fois que ça lui arrive. Les chats des autres viennent mourir chez elle. C'est comme ça. Elle n'y peut rien.

Elle raconte son histoire, à la fois flattée et ennuyée, deux cages posées sur les sièges à côté d'elle. Elle parle vite, avec une voix douce, ponctue ses phrases par des : « Enfin vous savez bien… » ou des « Vous ne trouvez pas ? ». Elle est très jolie, avec de longs cheveux foncés qui dégringolent sur ses épaules. Des yeux soulignés d'un discret trait de khôl.

Dans l'autre cage : *Tobi*. Son chat. Un rescapé, qui n'a plus de dents suite à un virus qui a attaqué ses gencives. « Cela arrive parfois suite à des chocs psychologiques. Dans son cas, cela a coïncidé avec le décès de ma mère. » *Tobi*, même sans dents, mange de la viande. Il a un peu de mal avec les croquettes, mais le plus compliqué, c'est l'herbe pour se purger et les ongles qu'il faut désormais lui couper. « Viens chérie… » La femme caresse *Beauté*, soupire : « J'espère qu'elle a une puce. Sinon j'irai coller des photos dans le quartier. » Le vétérinaire lui annonce qu'elle va devoir attendre un peu. Des complications aujourd'hui. « En plus ma fille est malade… Il y a des journées comme ça, où tout va mal. »

Déchirée entre sa fille et ses chats, elle s'interroge. Pourquoi les félins migrent-ils d'un foyer à un autre ? Elle évoque le sort de ces chats qui avaient déménagé chez eux. La voisine était au courant, mais elle s'en fichait. « Je lui avais dit : ça ne vous dérange pas ? Elle m'avait répondu : non ! Quelques semaines plus tard j'ai aperçu un autre chat chez eux. Il y a des gens qui négligent leur animal, enfin vous savez bien… » Elle parle de ceux qui ne sont pas suffisamment nourris : « Si on ne leur donne pas assez à manger, c'est sûr, ils vont chercher ailleurs ! On me l'a reproché parfois :

« Mais pourquoi vous les nourrissez ?

– Je ne les nourris pas ! Ce sont eux qui viennent dans la cuisine et mangent dans la gamelle des miens. Qu'est-ce que je peux y faire, moi ? »

Il y a aussi le chat vagabond qui a vécu six ans dans le garage familial. *Berlioz*, le sauvage qui squatte dans son jardin. « Je sais, c'est banal mais on ne savait pas comment l'appeler. » Des malheureux, des abandonnés. Des maigres. Celle qui a forcé sa chatière et s'est réfugiée à la cave. « Elle ne voulait plus partir. Elle est morte chez moi. » Un problème aux reins.

Elle raconte les complications, ou comment, pour partir en vacances, elle a dû se résoudre à payer quelqu'un pour nourrir un chat qui ne lui appartenait pas. « On ne savait pas quoi faire. On ne pouvait pas le mettre en pension, il n'était pas à nous ! Mais on ne pouvait pas l'abandonner non plus ! Vous ne trouvez pas ? »

Elle montre des photos. Son portable est un vrai cimetière. Elle s'arrête sur l'image d'une chatte blanche, impériale sur un fauteuil en osier. Celle d'une voisine. « Là, c'est le dernier jour. Vous voyez, elle n'a pas l'air bien. La chatte aimait être chez nous. J'envoyais des photos à ma voisine pour qu'elle sache où elle était. On a tous été très tristes quand elle est partie. » Les histoires s'emmêlent. Impossible de savoir combien de félins elle possède au total et la question semble tout à fait hors de propos. Ils passent. Ils jouent dans le jardin. Meurent parfois. Elle s'occupe de tous.

Une heure plus tard, elle repart avec une seule cage. *Beauté* est gardée en observation. Elle n'avait pas de puce. Le mystère reste entier.

Les pythons de Fil

Il pose délicatement un sac isotherme bleu clair à ses pieds. L'image d'un pingouin avec un bonnet et une écharpe, la marque Freezy en rouge, aucune ouverture, un sac différent des autres. D'ailleurs, l'homme ne le regarde pas. Qu'est-ce qu'il y a dedans ? « Des serpents. » Léger recul. « De toute façon, je ne vais pas l'ouvrir ici ! » Pull en laine beige, jeans, allure décontractée, il sourit et il s'appelle Philippe. Un de ses pythons a un rhume. L'autre un problème au bout de la queue. Il m'invite à assister à la consultation.

En attendant, il raconte une histoire de chauve-souris incompréhensible, des roussettes, *Anaïs* et *Gaspard*. Il est question d'une femelle qui finit par tabasser le mâle. D'un drame qui débouche sur la rencontre d'un spécialiste au Muséum. « Quand il avait des serpents en trop, il nous en refilait... »

Une vieille histoire les reptiles. « Entre 15 et 30 ans j'en avais plein. » Plusieurs dizaines. Des pythons longs de 6 mètres, installés dans une alcôve de l'appartement, avec le lit en mezzanine juste au-dessus. Rire de Philippe : « Il y a des gens qui aiment... »

Mais avoir des serpents, cela veut dire les nourrir de rats et de souris. « Et comme on n'avait pas un rond, on les élevait nous-mêmes. Au bout d'un moment, ça m'a gavé de leur donner des animaux vivants, alors j'ai arrêté. »

Les serpents ont fini par lui manquer. Trente ans plus tard – il tient à préciser : « Un peu moins » –, il a recommencé à acheter des reptiles. Il leur donne des rats congelés.

C'est l'heure de la consultation, je respire un bon coup et me tasse le plus possible contre une porte proche de la sortie. Philippe sort un premier python d'une boîte en plastique transparente avec d'infinies précautions. *Jaya* (dit *Monty*) est un *Morelia viridis jayapura* jaune, originaire de Papouasie-Nouvelle-Guinée, né en août 2017. « Je ne connais pas encore le sexe. Il est trop petit. » Le serpent s'enroule autour de sa main, dessine des arabesques, des signes de l'infini à n'en plus finir. Le vétérinaire enfile des lunettes loupe, gratte l'extrémité de la queue, sauve centimètre par centimètre. La mue ne s'est pas faite complètement. « C'est très important pour un serpent, la mue. Celle du corps mais aussi celle des yeux », commente le véto. « Je n'ai pas été assez attentif », lâche Philippe, la voix pleine de regrets. Il culpabilise sans doute un peu vite. À côté de la table d'examen, il a posé sur un meuble un petit carnet noir, format A5. Chaque serpent a droit à ses feuilles lignées. Tout est soigneusement consigné, souligné, écrit avec application. Il y a *Joana*, le python royal, *Padang*, *Malak*, *Jaya*, *Lambok*, *Savanah*, *Sarabaya kiki*, *Thungka*, *Mme Butterfly*, *Pirlout*, *Spiderman*. Ou encore *Paradice*, un phantom, né il y a un peu plus d'un an, qui pèse 486 grammes. Philippe note qui a mangé quoi, à quelle date : une souris de 10 grammes, un rat de 20, un poussin. Tout est enregistré : « a mué », « a refusé de manger », « a les yeux troubles », « nettoyage complet ». Les pages respirent la patience, les heures d'observation, l'attention. Le journal incroyablement touchant d'une passion.

Puis c'est au tour de *Malak* de passer sous la lampe de poche du vétérinaire. *Malak*, l'enrhumé. Presque un mètre d'un vert intense, avec un ventre blanc luisant. Cela fait plusieurs semaines qu'il lui fait des piqûres lui-même, tamponne les contours de sa gueule avec des cotons tiges trempés dans un désinfectant. Le python se laisse faire, s'enroule puis se dresse soudain, droit. Un bâton dans la main de Philippe. Dans la soirée, il m'envoie un SMS. « Regardez l'émission "Tell Quel", 1983, "Des squatteurs heureux". Une preuve de plus… » Sur le film on le voit trente ans plus tôt accueillir l'équipe de TV avec un immense python de 4 mètres enroulé autour de son corps. Il a signé son SMS : « Fil ». Et en se remémorant l'aspect de ses serpents, on ne peut s'empêcher de sourire.

« Taika et le sanglier »

C'est arrivé il y a trois quarts d'heure. Raymond a encore du sang sur les mains. *Taika* s'est fait attaquer par un sanglier dans le Jura. Un accident de chasse. Cheveux blancs, polaire kaki, guêtres ajustées sur des chaussures de montagne, il montre les blessures de sa chienne : une entaille au cou, une seconde, profonde, sur la cuisse. *Taika* a eu de la chance. « Elle a perdu beaucoup de sang. » Sa robe brune est trempée, la chienne reste collée à ses pieds, calme. « Elle est courageuse. » Il est encore sous le choc, même s'il ne le montre pas et lâche pudiquement en flattant son encolure : « On s'y attache… »

Des chiens, il en a perdu. « C'est normal à l'âge que j'ai », dit-il en esquissant un sourire. Mais jamais à la chasse. « Je traquais avec un fusil déchargé, comme d'habitude. Le sanglier est passé à dix mètres de moi. J'ai pas eu le temps de mettre les balles. » Il a entendu *Taika* hurler dans les fourrés. Puis l'a vue revenir ensanglantée. « C'était un beau sanglier, je peux vous dire ! Il devait avoir de solides défenses. » Il mime la taille des dents de la bête avec ses deux mains : « Dans notre jargon on dit : bien armé. »

Le comble, c'est que Raymond et ses copains chasseurs n'étaient même pas après les sangliers. « On chassait le cerf. » Discussion sur la chasse, l'attitude de certains animaux qui font face aux chiens – on dit qu'ils sont « fermes » –, puis des dégâts causés par les sangliers dans la région. « J'habite au pied du Jura, faut voir les champs ! Ils sont tous labourés. » L'an dernier, les chasseurs vaudois en ont tiré 1000 environ. Un vrai fléau. Les bestioles prolifèrent, cherchent les bulbes, les racines, des restes de maïs, faute de glands. La faute aux changements climatiques. Un problème. Et une question économique. Les indemnités liées aux dégâts ont doublé entre 2015 et 2016. 570 000 francs l'an dernier, juste pour Vaud. Et à Genève ? « À Genève, c'est différent. C'est une chasse privée... Ce sont les gardes-faune qui les abattent. » Un sourire légèrement ironique. Une boutade.

Raymond n'est pas du genre chasseur sur la défensive. Il ne cherche pas d'excuses, ne craint ni les étiquettes ni la mauvaise réputation. Pourtant il glisse au passage qu'il préside la Fondation sauvetage faons Vaud. « Vous devriez en parler ! » L'association réunit des pilotes de drone, des agriculteurs et des chasseurs. Son but est de sauver les faons au moment de la fauche des prairies avec des drones équipés de caméras thermiques. « Ça permet de repérer les animaux qui restent tapis dans les hautes herbes. » Des faons hachés par les faucheuses ou les moissonneuses. Plus de 3000 par an. Ce qui traumatise certains agriculteurs, qui appellent... les chasseurs ! « L'an dernier on a reçu 237 appels et on a pu sauver 254 faons », précise fièrement Raymond. Il ne voit aucune contradiction, jure que sauver un faon ou tirer – il dit « prélever » – un chevreuil, procure la même émotion. Fin de la conversation.

Taika entre en consultation. Le vétérinaire l'examine, charrie un peu son maître sur les chasseurs. Toutes ces vestes orange qui peuplent désormais les forêts. Ou la difficulté pour certains de viser juste. C'est-à-dire ni les

VTT ni les ânes. Le vétérinaire fait référence à l'actualité de l'automne. Un vététiste abattu en Haute-Savoie. Ou encore quatre ânes tués par erreur en France, par un chasseur suisse. Raymond se défend un peu. Dans le milieu, on chuchote que la mort du cycliste aurait peut-être d'autres causes. Que ce ne serait pas un simple accident. On n'en saura pas davantage. D'ailleurs une enquête est en cours. Raymond repart avec sa laisse bleue. Il remonte à la chasse. Sans son chien. Une goutte de sang sèche sur le lino de la salle d'attente.

L'ambassadrice des tortues

Elle penche la tête en avant, rassemble sa longue chevelure entre ses mains, en queue-de-cheval, noue un élastique et redresse la tête d'un seul coup. Éléonore sourit, vive, à l'aise dans ses baskets et son pull rouge. Elle a déposé deux paniers en osier sur les sièges de la salle d'attente. *Bob* dans l'un, *Guenièvre* dans l'autre. Deux tortues. *Bob* doit avoir dans les 12-15 ans, elle ne sait pas, elle l'a récupéré maigrichon et mal en point il y a quelque temps. *Guenièvre* a 6 ans. Il lui manque une main et elle a le bec mal formé. « Vous voyez, là ? La lèvre devrait venir par-dessus. »

Son doigt fait des va-et-vient sur la carapace de *Bob*. Un soupir, quelques photos : *Guenièvre* bébé, qui tient dans sa paume. *Bob* dans son bain. Et une déclaration : les tortues font partie des animaux les plus maltraités. « Beaucoup de parents se disent que c'est une bonne option pour leurs gamins. Ils les offrent comme si c'était des petites pierres ! Les gens ne savent pas s'en occuper. » Ils ne connaissent pas le besoin de nourritures variées. « Les endives, ça ne suffit pas, il faut leur donner d'autres trucs, des pissenlits, par exemple. Mais bon, quand on sait ce que les enfants mangent, je doute que les mamans aillent chercher du cresson à la Migros ! » Ils ne savent pas l'importance des UV, de la lumière pour éviter les carapaces « Toblerone », c'est-à-dire bosselées ou molles. « Les gens ne savent pas tout ça. »

Dans la salle d'attente, une dame jette un œil sur la pelouse triste de novembre.

« Pour les pissenlits, c'est pas vraiment la saison…

– Si ! s'exclame Éléonore. On en trouve encore, des pissenlits. »

Quelques chatouilles dans les paniers. « Ma mère pense que je suis un peu tarée avec mes tortues. Je les emmène chez le vétérinaire, je leur fais couper les ongles… » Son sourire dit qu'elle s'en fiche. Elle insiste. « Les tortues, ça vit entre 50 et 60 ans, alors ça peut souffrir longtemps. Bien plus qu'un hamster si on s'en occupe mal. »

On remarque deux taches bleutées sur les flancs de *Bob* qui ressemblent à deux miniboucliers. « Ah, ça ? C'est une blessure de guerre ! Mon chien qui l'a mordu. Le truc dur, c'est de la résine pour bateau, dit-elle en tapotant dessus avec ses ongles. C'est le vétérinaire qui l'a réparé. Pour empêcher les bactéries d'entrer. » Sa mère a peint des fleurs dessus. « C'est une artiste, ma mère. »

Elle parle vite, passionnément. Une véritable ambassadrice des tortues, l'étudiante en relations internationales. Qui raconte toutes sortes d'histoires. Celle de cette tortue qui a posé ses œufs cinq ans après la mort de son mâle par exemple. « Les femelles retiennent le sperme et décident du meilleur moment pour pondre. Ce serait génial si les femmes pouvaient faire ça ! » Elle décrit les tortues qui tombent des balcons. Écrabouillées mais survivantes. Les drames, comme l'an dernier, lorsque sa *Gueniève* a retourné sa sœur sur le dos. « Un gros deuil. » Elle donne au passage l'adresse du PRT, Protection et récupération des tortues à Chavornay. L'un des plus grands centres de Suisse. « Ils ont récupéré plus de 2000 tortues. » Puis termine sur un chapitre hibernation. « Le moyen le plus simple, c'est de les mettre au frigo, dans le bac à légumes. C'est la température idéale. » *Guenièvre* lui pisse trois gouttes sur le jean. Elle la repose dans le panier en continuant de parler. Elle a vu un frigo spécial tortue en action chez Schilliger. Elle hésite. « C'est cher. Et puis j'ai la trouille de la faire hiberner toute seule. » Pour *Bob*, c'est réglé : il refuse de s'endormir. Le bac à légumes, elle a essayé. « Il a ressorti la tête au bout de trois jours. » Elle s'en va. Revient dans la salle d'attente un quart d'heure plus tard. « Ça y est ! La manucure est faite ! » Elle refait une dernière fois sa queue-de-cheval et lance en guise d'au revoir : « Bon, sur ce je vous laisse. Je vais aller gagner de quoi nourrir mes tortues. C'est hyper cher ! »

La zen attitude

Un vacarme d'enfer. Des aboiements qui affolent le cabinet. Et l'assistante qui tranche : « Il faut séparer les bouviers bernois ! C'est pas tenable. Ils arrêtent pas de se chercher. » Un couple à la réception attend patiemment, chacun une cage, deux perroquets. Ils ne bougent pas, l'un derrière l'autre, affichent le léger sourire de ceux qui ne perdent pas une miette d'une scène gênante mais sont compréhensifs. Puis une voix. « Tu attends ! » Halètement. « *Yogi* ! Mais oui, on est là ! Assis ! » Bruits non identifiés, puis à nouveau la voix de l'homme : « *Yogi* ! Non, pas la laisse... » Brouhaha. « Oui, je sais, tu veux partir. Mais tu attends. Y a *Shiva* aussi ! »

Yogi et *Shiva* : deux bouviers pas très zen que leurs maîtres viennent récupérer après une nuit chez le véto. Le mâle tire sur sa laisse, s'agite, pisse dans l'entrée. L'homme s'excuse avant de sortir en catastrophe : « C'est l'excitation... » Sa femme débarque avec du papier ménage, puis la femelle, essoufflée. Des retrouvailles sportives. D'une voix hachée elle explique qu'ils ont stérilisé les deux chiens à la fois. « On s'est dit, on fait tout en même temps. Ça va être l'horreur pendant une semaine, mais après, ce sera fait ! » Le duo s'en va, tiré par *Yogi* et *Shiva*. Un sacré karma.

Les décibels chutent brutalement dans la salle d'attente. Le couple avec les perroquets s'avance vers la réception. Puis une toute petite dame, avec une toute petite voix s'adresse au véto qui lui répond. « Vous venez voir votre lapin ? Vous pouvez le prendre, mais il ne faut pas qu'il mange toute la journée. Des petites portions. » La petite dame a posé une cage blanc et vert sur le comptoir. Elle a l'air inquiète. Son lapin a eu du sang dans les urines. « Il est toujours aussi sourd ? » lance-t-elle au vétérinaire. « Je ne sais pas, ça fait longtemps que je ne lui ai pas adressé la parole », répond le véto avec humour. « Ils sont où les perroquets ? » La dame au lapin s'excuse encore. Elle n'en finit pas de se blâmer. Elle a beaucoup appelé le cabinet. L'assistante la rassure.

« Pas du tout ! Quand vous téléphonez, ça veut dire que vous l'aimez votre animal, et nous, ça nous touche. Vous pouvez appeler autant de fois que vous voulez, ne vous inquiétez pas.

– Que du foin alors ? » reprend la dame. Elle aimerait rester ici, en sécurité. Elle aimerait qu'on lui parle. « Oui, que du foin.

– Même pas un peu de fleurs séchées ?

– Non, que du foin. Et une petite tranche de pomme le dimanche. »

Elle hoche la tête, appliquée. « Tu es beau comme ça, sans oreilles, hein mon lapin. Tu ressembles à un pirate. » Aboiement. La fin du répit. La dame des bouviers revient en trombe :

« Combien de temps c'est vraiment sensible la cicatrice ?

– Trois ou quatre jours. »

Puis à son chien : « Oui, oui, on va partir ! » Une accalmie. Encore un téléphone : « On a reçu les analyses. Il n'y a pas d'intolérance à la viande… Non, pas à la viande ! En revanche aux céréales… Il est positif au maïs, au blé… Non, la viande, c'est OK. »

Une femme blonde tout habillée de noir tourne autour de la réception, soupire, tousse pour se faire remarquer, puis finit par trouver un créneau pour prendre son tour. « Ça va ? » lance l'assistante. « Non, il faut m'aider, j'en peux plus. » Une voix de fumeuse. Un timbre las. Son chien a une collerette. Il ne la supporte pas. Et un problème à la patte. « J'en peux plus, répète la dame. Je vais péter un câble. » Oui, elle doit sortir son chien. Oui, elle peut lui mettre une chaussette en attendant. Mais laisser à l'air le plus possible. La fin de la conversation se dissout dans une course-poursuite canine dans le couloir et une nouvelle débauche de décibels. Jappements aigus, graves.

« *Vaudou*, viens ici !

–*Jack* ! Qu'est-ce qu'il y a ? T'aimes pas les autres chiens, c'est ça ? »

Chacun son tour. Soprano, ténor, alto, baryton. « Allez, t'es sage mon petit cœur… » Une chorale. Avec en *guest star*, le cri du coq. Un habitué du cabinet.

Anne-Marie

« Allez viens, on va aux toilettes ! » La petite dame, toute menue dans sa longue doudoune, porte un énorme sac à dos et tire un gigantesque chien blanc dans les WC. Quelques bruits sourds. Un long silence. Puis elle ressort, souriante. Elle s'appelle Anne-Marie et elle ne tient pas en place. Elle raconte rapidement les bobos de son samoyède âgé de 14 ans. Un problème à l'œil, un autre à l'oreille, quelques verrues. Et puis surtout, cette histoire d'urée. « C'est très grave l'urémie pour un chien. » Mais elle n'a pas très envie d'en parler. D'ailleurs elle ne s'assied pas, traîne à grand-peine son chien sur la balance. « J'espère que t'as pas grossi. 29,3. Bon, ça va, mais faudrait pas dépasser les 30 kilos ! » Elle bouge encore, s'inquiète de savoir où sont passés les moutons qui paissaient dans le champ d'à côté. « Avec toutes ces constructions… » Puis, se parlant presque à elle-même. « 29,3… si on enlève la laisse, ça fait 29. » Nouvelle sortie de la salle d'attente. Elle est maintenant scotchée devant l'écran fixé au-dessus du comptoir de la réception. L'assistante a préparé une boucle de vidéos marrantes. Anne-Marie rit. *Vinouck*, le samoyède, tente de la tirer dehors. Il aboie sans conviction. Ne décroche que des : « Viens, *Vinou*, viens ! Regarde, c'est rigolo ! Chou. Marrant. » Bref, un flop. Résigné, il attend sa maîtresse, captivée par le chien qui descend un à un les barreaux d'une échelle, le canard qui patine sur un lac gelé, le chat qui câline une souris, ou encore cet autre matou qui se la joue parrain avec des lunettes de soleil bleues et un brillant autour du poitrail. « Plus personne ne voudra aller en consultation, elles sont trop bien ces vidéos ! » L'assistante propose à Anne-Marie de lui en faire une copie. « Mais j'ai plus la télé, moi, elle est cassée. » Son ordinateur n'a pas l'air en forme non plus. Une clé USB suggère l'assistante ? « Oui... Une clé USB, peut-être... » lâche Anne-Marie en s'esclaffant devant la fourberie de ce chat qui pousse son congénère dans une piscine.

Vinouck et sa maîtresse finissent par entrer en consultation. On l'entend encore un peu rigoler, puis sans doute au moment de la piqûre, s'exclamer : « Allez, *Vinou*, montre que t'es un homme ! Un homme fort ! Montre que t'as pas peur. » Nouveau rire joyeux. Puis elle revient. « C'est vous qui écrivez ces chroniques ? » Anne-Marie est une lectrice. Une lectrice attentive, qui se met à raconter sa vie avec son chien qu'elle a récupéré chez un de ses voisins trop âgés pour s'en occuper. « Je n'ai pas voulu qu'il déménage. » Alors *Vinouck* a changé de palier. Elle se souvient des six heures de promenade par jour des débuts. « Maintenant, on prend le bus pour aller au bois de la Bâtie ! » Puis au détour d'une phrase, lâche d'un air anxieux : « J'espère qu'il va passer encore un été avec moi. » C'est son dixième chien. Les autres sont tous morts de vieillesse.

Elle est intarissable sur les animaux qu'elle a ramenés de ses vies mexicaines, péruviennes ou encore sri lankaises. Multiplie les anecdotes sur le passage des frontières : « En 92, j'avais passé la douane avec 5 chiens et 3 chats. Le douanier avait écrit sur un papier : « Chats usagés. » Elle parle de tout et de rien avec un air tour à tour gai ou grave. Ses boucles d'oreilles en forme de chats scintillent sous le néon. Elle a chaud. Un collier avec un gros pendentif hibou s'échappe de sa doudoune. On admire. Elle enchaîne, ravie, qu'elle a repéré les boucles d'oreilles qui vont avec dans un magasin. Elle est attachante, Anne-Marie. Et elle a envie de parler. Des chiens, des moutons, des pigeons. Elle finit par s'en aller à regret. Mais revient quelques minutes plus tard, frêle silhouette avec son énorme sac à dos. « Il faut quand même que vous donniez une caresse à *Vinou* ! » Une seconde de déception plus tard, elle sourit une dernière fois : « Il doit être fatigué, d'habitude il est plus démonstratif. »

Le perroquet du consul

Costume rayé bleu marine, cravate rouge pétant, l'homme a presque l'air un peu hautain. Chic mais distant. Le genre pas facile à aborder. Mince, un peu nerveux, il pose un sac de sport Activ fitness noir à ses pieds, une sacoche sur le siège d'à côté. Il ne dit rien. Ouvre immédiatement un journal et se plonge dans sa lecture. Hermétique. Rien ne bouge dans le sac. Rien ne dépasse. Rien. Au bout d'un moment, il consent à dire que le sac cache un perroquet. Un amazone de 35 ans. Et qu'il est misogyne. Le perroquet, donc.

Nous avions déjà croisé l'oiseau (« Coiffée », p. 57). Voici donc le proprio. Pour lui c'est presque une déception. En lisant le journal, il s'était senti moins seul, pensant que cela arrivait aussi aux autres. Hélas, non, recoupements faits, la chronique parlait bien des travers de son perroquet. *Titi*, l'oiseau qui déteste les femmes…

Lui s'y est habitué. Cela fait trente-cinq ans qu'ils vivent ensemble. Ils ne se sont pratiquement pas quittés depuis ce jour où, au Brésil, deux jeunes garçons lui ont proposé un perroquet pour une poignée de dollars à la sortie de l'ambassade. L'homme a toujours aimé les oiseaux. Il se souvient, émerveillé, des perruches qui se posaient sur ses épaules lorsqu'il était enfant. Il craque. Et emporte l'amazone.

Au départ, il l'appelle simplement *Loro*, perroquet en brésilien. Mais quand il revient en Suisse, il y a vingt ans, il le débaptise. « Il m'appelait *Loro*, je l'appelais

Loro. *Loro*, *Loro*, *Loro*, on s'en sortait plus ! Du coup, je l'ai surnommé *Titi*. » *Loro*, désormais, c'est lui. La preuve que l'amazone n'a pas un mauvais fond. Reste la misogynie. Pour cela, le consul a peut-être une explication. Son ex-femme ne l'aimait pas. « Un jour je l'ai attrapée à taper sur la cage avec un balai. Ça devait l'énerver que je m'en occupe… » Le perroquet se crispe. Le mari s'énerve. La relation de couple se tend. Trente-cinq ans plus tard, l'oiseau est resté fidèle. Mais l'homme doit l'enfermer lorsqu'une dame vient chez lui. Jalousie ? Le diplomate met un point d'honneur à passer pour quelqu'un de rationnel. Pas du genre à projeter des émotions humaines sur une bestiole. « Je ne suis pas de ces types qui deviennent esclaves de leurs animaux. C'est un oiseau et je suis un humain. » À chacun sa place. N'empêche, ils ressemblent quand même à un vieux couple. Il aime le chatouiller, lui lisser les plumes. Et *Titi* en redemande. Trente-cinq ans de vie commune ! De voyages. De quoi connaître par cœur la Convention de Washington qui règle le commerce international des espèces menacées d'extinction. « Pour lui, je suis tout : sa maman, sa girlfriend. Il a été partout avec moi. » Ils s'observent, se cherchent, se taquinent. « On rit beaucoup ! » Il décrypte ses énervements. Et vice versa. Comme le soir, lorsqu'il finit par recouvrir la cage pour regarder la TV tranquille. Le perroquet s'insurge, plante son bec dans le bol pour faire gicler les graines. Un rituel qui l'amuse. Et peut-être le rassure. Il hésite à vanter l'intelligence de son oiseau, préfère évoquer sa « grande sensibilité ». Car *Titi* pleure devant les feuilletons à la TV lorsqu'un acteur est ému. « Mais le plus souvent, il se comporte en mâle alpha », ajoute aussitôt le consul, peinant à masquer sa fierté.

Et… il parle ? Raclement de gorge et remise en orbite de la cravate écarlate. « Votre question est intéressante. On a vécu dans tellement de pays différents, il a entendu tant de langues… Il faut bien l'admettre : son vocabulaire est assez limité. »

Une femme s'approche. L'homme sursaute.

« Il a quel âge ?

– 35 ans. Il peut encore vivre des années… C'est sûr, il va m'enterrer ! »

Il part en consultation avec son sac toujours fermé en riant. Revient quelques minutes plus tard dans la salle d'attente. « Je vais quand même vous le montrer ! » *Titi* s'agrippe aux doigts de son maître. Des plumes rouges apparaissent sur le haut des ailes. « Ça, c'est quand il est fâché. »

Raymond

Il attend le retour de sa cliente, les mains croisées sur les cuisses, tranquillement assis sur l'un des sièges en plastique gris. Visage rond, cheveux coupés court, une lueur amusée au fond de l'œil, Raymond dit qu'il n'accompagne jamais les personnes pendant une consultation. Question de pudeur. Alors il patiente, et cela ne le dérange pas du tout. Cela fait partie du métier. En attendant, il échange quelques mots avec ceux qui débarquent, mais surtout il observe.

Raymond n'a pas toujours été transporteur d'animaux. Il a d'abord été facteur pendant vingt ans. Puis il a monté un kiosque, où il vendait des fromages du Pays-d'Enhaut, à Genève. « Vous connaissez la tomme de Rougemont ? » Lorsqu'il évoque cette période, un air espiègle s'invite dans son regard. « On faisait le café à 2 fr. 50. On avait toutes les mémés du quartier ! » Il rit. De bons souvenirs, vraiment.

En 2004, il a encore changé de vie. Et tout a commencé avec son chat. C'était un 31 décembre. « Il avait l'arrière-train rongé par les vers. Les invités allaient arriver… Je me suis retrouvé en urgence chez le véto. » Il remarque un homme chargé de convoyer un animal jusqu'au Tierspital, qui discute les détails du transport avec le vétérinaire. Et il se dit que ce job-là, il pourrait le faire lui aussi. C'est comme ça que ça a commencé. Depuis, Raymond court d'un cabinet vétérinaire à l'autre, accompagne les mamies qui ne conduisent pas, les chiens, les chats ou les lapins dont les maîtres n'ont pas le temps, ou ceux qui vont les faire euthanasier et ne se sentent pas capables de repartir seuls du cabinet. « C'est du social que je fais. Les gens vont souvent moins bien que leurs animaux. » La phrase ressemble à un simple constat. Ni psychologie ni jugement. Raymond est un observateur qui a trouvé une niche.

Le nom de sa société, « Animaux Tout Transport », annonce la couleur. Il ne fait pas dans la fioriture. Il occupe ses journées de retraité. Il va souvent à l'aéroport, pour réceptionner des animaux qui viennent du monde entier : Australie, Amérique, Russie. Et, à sa manière de prononcer le nom de ces pays lointains, on se dit que c'est peut-être sa façon de voyager. Il s'occupe des formalités à la douane, conduit les animaux de leur descente d'avion à leur nouvelle adresse, ou sur leur lieu de vacances. Des virées qui l'emmènent dans toute la Suisse. « Au début, j'avais un break, mais un jour je me suis retrouvé avec une cage de Léonberg qui ne rentrait pas dans le coffre. Alors, j'ai acheté un fourgon », dit-il en rigolant. Il est comme ça, Raymond. Une assurance tranquille, une façon de ne jamais s'en faire. Pourtant, son job n'est pas toujours drôle. Il arrive aussi qu'on lui demande de venir chercher un chien ou un chat décédé à domicile. Alors, il entre dans des appartements ou des maisons endeuillés, tente de trouver les mots justes. Des mots simples. Il hésite, puis ose le terme : « C'est une levée de corps, en somme. »

Parfois, les journées sont longues, quand il faut faire un aller-retour jusque dans le canton de Zoug, à Hünenberg, pour soigner un chien qui a le cancer dans l'unique clinique spécialisée du pays. Parfois elles sont insolites, lorsqu'il s'agit de transporter un poisson rouge pour le faire opérer. Parce que, oui, ça s'opère, un poisson rouge ! Même si ce n'est pas courant : « À mon avis, c'est le seul vétérinaire qui le fait. » Son travail, Raymond l'adore. « Si c'était à refaire, c'est ça que je ferais comme métier. »

Sa cliente revient. Il lui glisse un mot gentil, prend d'une main sûre la cage qui renferme un chat, de l'autre le bras de la vieille dame. Il est trop prévenant, Raymond. Il ne sait plus avec quoi nous saluer, alors il opte pour un hochement de tête. En souriant.

Un coq en pâte

À la radio, Michel Berger et « la groupie du pianiste ». Ça doit être Radio Nostalgie. On nous gâte. Un couple arrive, chacun une cage, chacun un chat. Deux compagnons de 18 et 15 ans, le cancer tous les deux. L'un des intestins, l'autre du foie. Ils ne mangent plus. « Cela fait quelque temps qu'ils sont aux soins palliatifs », dit la dame. Dopés à la cortisone. « Ça leur donne un peu de peps, mais ce n'est pas une vie. » Et aujourd'hui, c'est fini. L'homme et la femme sont chacun à un bout de la pièce avec leur cage. *Wikette* et *Vénus*, qui attendent, mal en point. Le monsieur porte un bonnet en laine et des lunettes, la dame des cheveux blancs mi-longs. Ils maîtrisent leur émotion.

À la maison, il leur reste trois chats, 14, 15 et 17 ans. « C'est l'EMS chez nous », lâche la dame en tentant un sourire. « Peut-être que s'il avait été plus jeune, on aurait pu tenter une greffe du foie », hasarde l'homme en regardant *Vénus*. L'épouse secoue la tête d'un air négatif. Son mari se ravise. « C'est vrai qu'il faut avoir de la thune… » Jean-Jacques Goldman en bruit de fond. « Je marche seul ». Le couple est sur la même longueur d'onde : ils ne reprendront plus de chats. « On ne sait pas ce qui peut nous arriver maintenant. » Elle souffre d'un problème de paralysie au côté droit. Lui marche avec difficulté. Ils s'en vont. Boney M. chante « Rasputin ». Une voix lance : « Bonjour, je cherche ma femme ! »

Et puis elle entre. C'est l'une des dernières patientes de la journée. Une cage et un énorme coq blanc. *Coco*. Souriante, cheveux courts, dynamique. C'est le coq de son petit-fils. Elle vient pour une castration chimique, une injection qui coupe les hormones mâles. « Les voisins n'en peuvent vraiment plus, il fallait faire quelque chose... Le coq perd un peu ses attributs, quelques plumes, mais au moins il ne chante plus. » On s'offusque, se moque de ces citadins qui rêvent de campagne silencieuse et sans odeurs. On s'énerve contre ces gens qui ne supportent plus rien. Mais la grand-mère interrompt la révolte d'un geste de la main. « Non, non, il chante vraiment fort. Je vous assure qu'à 3 heures du matin, c'est... fort ! » Elle raconte son histoire avec humour et distance. Ajoute que si cela ne tenait qu'à elle, il aurait sans doute fini en coq au vin, mais pour son petit-fils, c'était exclu. C'est son *Coco*. Du coup elle est là, à raconter comment la famille au grand complet l'a soupçonnée d'être une criminelle sans cœur, parce qu'elle voulait tuer un animal en pleine santé. Un véritable tribunal. Elle a perdu. Elle rit. Un an que ça dure. Elle a tout essayé, y compris d'obscurcir le poulailler. Rien n'y fait. C'est son horloge interne.

« Vous comprenez, ils ont grandi ensemble. C'était son poussin à mon petit-fils. » Une pause. Elle éclate de rire. « En plus, il est handicapé. Il a un pied bot. Voilà, vous saurez tout ! » Une déformation de la patte qui arrive chez certains poussins élevés en couveuse. « Il paraît que c'est l'œuf qui n'est pas assez bien tourné. »

Coup d'œil à *Coco* qui remplit toute sa cage. « Vous voulez le soupeser ? Il est presque plus lourd que mon chat ! » Un coq en pâte, *Coco*, à défaut d'être au vin. Un coq qui a sa poule, *Caroline*. Volaille peu dérangée par les ardeurs masculines du coq, précise la grand-maman. À cause de son handicap. Et peut-être des injections. « C'est une folie, une folie ! » Combien ? Elle hésite. On insiste.

« Je vais vous le dire… 200 francs. » La somme ne paraît pas déraisonnable. Elle esquisse une mimique gênée et lâche en soupirant. « Oui, mais la dernière injection a duré trois mois ! » Elle l'a faite l'été dernier. Cela a marché un moment. Puis les chants ont repris. « 200 francs l'injection, vous vous rendez compte le nombre de poulets que ça fait ? » L'assistante vient la chercher. On rit encore un peu. Puis la voix du véto l'accueille joyeusement : « Bon, alors on réchauffe le four ? ! »

Question d'organe

Deux dames, sans doute la mère et la fille. Et un berger allemand couleur roux. « Viens peser ! Oh, mais t'as maigri, toi ! » La plus jeune fixe le chiffre qui s'affiche sur la balance, semble contrariée un instant, puis se retourne vers sa mère et lâche l'air grave : « Oui, mais y a plus la rate. » Léger silence. On retient son souffle. Puis la maman hoche la tête :

« On avait l'habitude de la voir à 40 kilos…

– Elle pèse 37,2. C'est la rate, reprend la fille. La rate, ça peut faire la différence ! »

La chienne a été opérée il y a une semaine. De la rate, donc. Qu'elle avait retournée et nécrosée. « On n'a rien vu venir. Au début, on a cru qu'elle avait une gastro. Quand j'ai vu la grosse tache noire sur la radio, j'ai eu très peur », raconte la mère, aussitôt coupée par la fille qui ajoute dans la foulée : « On a dû l'opérer d'urgence. » Mère et fille parlent ensemble. Comme deux corps qui n'auraient qu'une seule tête. Elles se comprennent bien. Et on finit par s'y habituer.

« Fais coucher ! lance la fille. Aïe, aïe, aïe, elle est morte de trouille.

– Et ça va pas se calmer », ajoute la mère.

Un aboiement. « Ah non ! T'es déjà malade. Fais pas péter les points de sutures ! Elle engueule tout ce qu'elle trouve en ce moment », s'excuse la plus jeune, un pendentif en forme de cœur sur le pull. Puis elles se taisent et regardent les vidéos qui défilent sur l'écran. Des connaisseuses. Un peu, comme au théâtre des spectateurs diraient le texte avant les acteurs, elles commentent, annoncent, se réjouissent. « Ah oui, là, tu vas voir l'oiseau bouge en rythme. » Un cacatoès blanc à crête jaune se déhanche. La fille renchérit : « Et là, y a pas la musique. Tu verrais sur Facebook ! » Acquiescement de la mère qui relance aussitôt : « Et puis celle du chat qui est sur le piano, tu la connais ? À chaque fois qu'il fait une note, il veut chanter. » Elle rit, change de visage en un fragment de seconde, puis sans transition : « T'as fermé la voiture ? » La fille sort vérifier. La chienne se lève. La mère caresse l'animal qui semble perdu. « Mais non, elle part pas ! » Trois minutes plus tard, la fille revient et reprend la conversation là où elle l'avait laissée : « Celle que j'aime bien, c'est celle du chat sur l'imprimante. »

Elles se racontent les vidéos comme on se balance des blagues. Enchaînent sur les bouchons annoncés à la radio, reviennent à la chienne. « On voit qu'elle est creusée quand même, soupire la maman. Avant c'était un petit tonneau. » La fille profite de l'attente pour grimper à son tour sur la balance. Un « ah oui, quand même ! » vaguement déçu claque dans la salle d'attente. Puis, façon méthode Coué : « Oui, mais j'ai mangé et tout, là. » Retour sur le poids du chien histoire de faire diversion. « Quand on est venu pour l'opérer elle faisait 39,2, ça me revient. Mais maintenant, avec cette rate, ça fait un organe en moins. Ça compte aussi. Et puis elle est à jeun. » Elles échangent un regard complice. Elles sont d'accord. De toute façon, il ne faut pas que la chienne soit trop lourde.

« Elle a 9 ans quand même.

– Oui, elle est bien comme ça. »

Un nouveau chien débarque. Le berger allemand se redresse. « Mais arrête de le regarder comme ça, enfin… Tu vas pas le manger ! » dit l'une. « Non, tu ne peux pas ! » renchérit l'autre.

Au fait, ça sert à quoi la rate ? La fille ouvre des grands yeux, découvre la présence de personnes autour d'elles.

« Je crois que ça ralentit son système… j'arrive jamais à prononcer le mot… immunitaire, explique-t-elle en articulant. En tout cas, on dirait pas qu'elle a été opérée il y a huit jours.

– Y a plus que la cicatrice maintenant », conclut la mère à nouveau en mode duo.

– Elle suinte. Le véto m'a dit de mettre du talc, de la Bétadine. J'ai tout fait, mais ça ne marche pas. »

Elle s'appelle comment la chienne ? Elles se retournent en même temps et presque en chœur : « *Cannelle*. Comme la cannelle. Hein *Titi* ? »

À « Coco »

Bonnet en laine, fuseau gris, une dame avec un caniche chocolat. Le chien porte un manteau blanc. Le dessin d'un os en paillettes cousu sur le dos. Un caniche élégant. La dame sourit fièrement : « Les motifs s'allument la nuit… » Puis une femme énergique, veste polaire brune, intérieur rose fluo, entre dans la pièce, l'air préoccupé. Elle manipule avec précaution un petit sac de toile ajouré. À l'intérieur, un perroquet. Un amazone, vert magnifique, avec du bleu sur la pointe des plumes. « Et du rouge », ajoute sa patronne en désignant le tour de son bec. Elle l'a eu à 13 ans. Une amie de sa mère qui l'avait amené. Elle s'en souvient comme si c'était hier. « Il devait avoir déjà dans les 15 ou 20 ans. » Elle caresse son perroquet. Les souvenirs reviennent en boomerang. *Coco*, c'est toute une histoire. Une histoire de famille. Compliquée comme souvent.

Lorsqu'elle quitte la maison, Évelyne le revoit au gré de ses visites. Jusqu'à la rupture. Une brouille avec sa mère qui dure vingt ans. « Je pensais souvent à lui, mais je croyais qu'il était décédé. Je n'imaginais pas qu'un oiseau vivait aussi longtemps. »

Il y a cinq ans ils se retrouvent, au moment où la fille renoue avec sa mère. « Il m'a reconnue immédiatement. Entre nous, c'est fusionnel. » Il est en mauvais état. Elle dit : « Tristes conditions. » Sa mère a pris l'habitude de couvrir la cage avec plusieurs couvertures. Chauffage à fond. Volets toujours fermés. « Elle avait la phobie qu'il prenne froid. » Un empilement de tissus qui dissimule des excréments, quelques souris mortes. « Elle le surprotégeait… Je lui en ai beaucoup voulu, c'est une forme de maltraitance bien sûr. Mais elle ne s'en rendait pas compte. »

Lorsque sa mère rentre en EMS il y a deux ans, elle récupère le perroquet.

Le matin, il déjeune à la table familiale. Un bout de tartine à la framboise, un morceau de banane ou de kiwi. Le soir, il s'installe sur son épaule devant la TV. Tire sur une bretelle de son soutien-gorge, la taquine, lui donne des coups de becs au creux de l'oreille. Entre Évelyne et *Coco*, c'est une histoire d'amour. « J'ai plein d'animaux à la maison, des chiens, des chats, des octodons, mais lui, c'est spécial. Le jour où il partira, ça va être dramatique. »

Elle le sort de son sac, l'embrasse sur le bec. Long soupir. *Coco* ne va pas très bien. Il ne mange plus. Elle vient régulièrement chez le véto pour le nourrir avec une sonde. Elle sait qu'ils vivent leurs derniers moments.

La dame au caniche caresse son chien, songeuse. Il a 10 ans. L'émotion d'Évelyne lui rappelle la sienne, lorsqu'elle a dû se résoudre à laisser partir le précédent après dix-huit ans de vie commune. « C'est tellement dur… dix-huit ans… C'est une vie ! » Elle ne sait pas comment réconforter sa voisine, alors elle lâche pudiquement, avec un léger accent anglais : « Mes parents aussi avaient un perroquet. Il s'appelait *Caruso*. Parce qu'il chantait… »

Évelyne l'écoute à peine. Inquiète. « Il faut qu'il grossisse. Il devrait peser dans les 450 grammes. Il en fait 329. » Le vétérinaire lui a donné un autre oiseau, un cacatoès blanc, *Elvis*, rescapé lui aussi, esquinté par cinq familles, battu, condamné à ne plus voler à cause d'une aile cassée. « Mais il ne remplacera jamais mon *Coco*… »

Son téléphone est rempli des plumes de son perroquet. Comme sa page Facebook. *Coco* sur son perchoir, *Coco* qui souhaite joyeux Noël, *Coco* « en mode câlins » avec plein de cœurs rouges. Une star.

Et puis, un jour, ce message. « *Coco* a pris son envolée rejoindre ses congénères au paradis. » Au téléphone, Évelyne est triste. Dans sa voix, beaucoup de tendresse et quelques larmes retenues. « À la fin, il pesait 297 grammes. Il n'était bien que contre moi… Le vétérinaire m'a dit : « Je crois qu'il faut qu'on arrête. » Il avait 77 ans. Elle l'a laissé au cabinet. « Je ne vais pas me morfondre devant une urne. L'image de *Coco*, elle est dans mon cœur. »

Yako

Une jeune Ivoirienne entre avec un chien bicolore. Visiblement, ce n'est pas une habituée des antichambres de vétérinaires. Elle regarde tout, observe d'un œil curieux les voisins, hume l'atmosphère de ce lieu qui ne ressemble pas vraiment aux autres salles d'attente. Plus mélangé comme public. Plus animé. Même si le décor est semblable : magazines, sièges, plante verte, fontaine à eau et panneau d'affichage. On l'accueille. L'interroge sur la race de son chien. « Euh, ça doit être une sorte de border collie… » C'est celui d'une amie. L'animal a été récupéré il y a à peine un mois. Un chien errant venu de France. Il ne mange plus depuis deux jours et elle est inquiète. Elle a fini par s'y attacher, même si, au départ, elle n'était pas très « animaux ». « J'ai un poisson rouge depuis trois ans. Une grande histoire d'amour. » Elle éclate d'un rire sonore avant de poursuivre : « Tous les matins je vais le voir et je lui demande : « T'es pas mort ? » Je lui dis pas « bonjour », mais « t'es pas mort ? » Le poisson, ça la relaxe. Elle l'a baptisé *Yako*. Yako en dialecte Apolo (une langue de Côte d'Ivoire), ça signifie « je compatis ». Ce mot, elle l'utilise souvent, à propos de tout et n'importe quoi. Elle l'aime bien, d'ailleurs elle le répète : « yako, yako, yako… »

La chienne, elle, s'appelle *Luna*. Elle la promène quand elle peut, l'emmène au parc. « Mais elle a peur des autres chiens, elle reste avec moi. Je crois qu'on a un feeling particulier. » Il y a un mois, lorsque cette amie l'a récupéré, *Luna* était maigre comme un clou. « Vous ne l'auriez pas reconnue ! Elle a presque doublé de volume ! » Quelques hypothèses de part et d'autre sur l'absence d'appétit de la chienne. Une anecdote sur le poisson qui a failli y passer à la fin de l'année parce qu'elle s'était trompée dans la température de l'eau lors d'un nettoyage de l'aquarium. Yako. Puis elle part en consultation.

C'est au tour d'un black retriever d'entrer en scène, avec son maître, un agriculteur dans la cinquantaine, veste en cuir noir, pull bleu marine avec une ancre rouge imprimée en feutre. Il est timide. Lâche à reculons qu'il vient pour un vaccin contre la rage, que l'animal est âgé de 15 ans et qu'elle s'appelle *Zalka*. C'était la chienne de son amie qui lui l'a laissée lorsqu'ils se sont séparés. « Au début elle s'appelait *Alaska*, mais *Alaska* c'était pas top, alors elle l'a baptisée *Azalka*. Elle était tchèque mon amie. Sauf *qu'Azalka*, c'est imprononçable… » *Zalka* s'est allongée sous les sièges, elle attend son tour sans bouger. Indifférente. En face, une dame chic avec un caniche blanc ripoliné sur les genoux. Qui fait mine de ne pas écouter la discussion sur les barrières électriques à 5000 volts anti-sangliers, l'abandon de l'élevage des génisses parce que ça ne vaut plus la peine. « Les gens ne mangent plus de viande. » Et surtout parce que les normes deviennent absurdes : « Ils imposent que les vaches broutent sur du béton. » Petite pause. « Pour qu'elles s'usent les sabots. » On fait répéter. On a bien compris. Sourire de l'agriculteur : « Ils trouvent n'importe quel prétexte ! » Yako. L'homme assurait n'avoir rien de spécial à raconter. Il avait tort. Il évoque les 70 hectares de grandes cultures, blé, orge, colza, soja, tournesol, maïs, qu'il cultive désormais avec son frère. « Avant, ils étaient sept pendant les moissons ». La vie qui change. La mécanisation. Il discute penché en avant, un coude posé sur une cuisse. Il ne s'adosse jamais. Il fait partie de ces gens qui ne s'appuient pas. Ne se reposent pas. La dame au caniche lève le menton un peu plus haut qu'il ne le faudrait. Moyennement à l'aise avec certains détails du genre : « Une génisse se garde 18 mois avant la boucherie. » Ou encore : « On a gardé une dizaine de cochons pour occuper l'hiver. » Saucisses, boudins, côtelettes. Heureusement c'est son tour, elle emporte son caniche sans un regard. Yako.

Le cardinal

Un couple. Lui, polaire rouge et barbe blanche. Elle, lunettes de soleil et veste kaki, avec une bordure en fausse fourrure rose fluo. Leur bouledogue anglais s'appelle *Gino*. Il a neuf ans et demi et vient de faire un AVC. « Il vomissait de la mousse à raser. J'ai d'abord pensé à un empoisonnement, mais c'était pas de la bile verte, c'était vraiment comme de la mousse à raser, blanc, très compact », explique l'homme avec une aptitude particulière pour les détails. À ses pieds, le chien, petit, trapu, baraqué, penche un peu la tête sur la droite. Son œil est figé. Il fixe le sol devant lui, l'air las. « Alors voilà, hein bonhomme ? » Le maître s'appelle Édouard. « Édouard Ier ! Mon père disait toujours : « Le deuxième, c'est le roi des cons. » Elle, c'est Marianne, mais elle est plus discrète. C'est Édouard qui cause. Avec un accent genevois prononcé, des expressions qui sentent la brève de comptoir et un certain goût pour la provocation.

Avant *Gino*, ils avaient un mâtin de Naples. Une femelle de 65 kilos. « Maintenant c'est interdit en Suisse, raconte Édouard en levant un sourcil. C'est super, mais bon, ça bouffe ! On allait chercher la viande en France. Un kilo par jour, ça va vite. » Marianne cherche quelque chose dans son sac, imprimé de noms de villes en lettres flashy. Édouard sort son téléphone et fait défiler les photos. *Gino* avant l'AVC, après l'AVC. *Gino* sur le lit. Une boucle d'oreille en forme de croix se balance au bout de son oreille. À ce stade, on n'ose pas encore demander. D'ailleurs il enchaîne. « On a d'abord appelé le vétérinaire de service. Parce qu'évidemment, c'est arrivé à minuit moins cinq. On a eu de la chance, mais si vous tombez sur une pive ? ! » Mimique appuyée de lui. Timide intervention d'elle : « La première question qu'on vous pose c'est : « Est-ce que vous avez des problèmes de paiement ? » Ça fait quand même drôle. » Édouard reprend la main. Et le crachoir. « Le lendemain on est venu ici. C'est son médecin traitant, enfin son vétérinaire… Bref, c'est comme un médecin famille, quoi, un véto, ça passe ou ça casse. »

Ils ne viennent pas souvent. Seulement pour les ongles. « C'est facile à couper, il faut une pince à tuyaux, mais lui, il se débat. Non, vraiment, on a de la chance », reprend Édouard en jetant un œil à *Gino*. « Il a rien normalement ! C'est bien connu, si vous n'avez pas d'argent, prenez pas un bouledogue, optez pour un corniaud. » Sourire léger de Marianne, bon public, qui repère une affiche collée sur la vitre de la salle d'attente : « On récupère volontiers le pain sec »

« C'est sûrement pour les canassons, commente Édouard en se lissant la barbe, avant de revenir à *Gino* et ses nombreux avantages. La voiture, c'est son palace ! Vous voulez voir ? » Sur le parking, une Mini avec des rétros peints aux couleurs anglaises. Il ouvre fièrement le coffre. Les deux tiers de la voiture sont aménagés en lit avec édredon et coussins. Pour les bagages, il a installé un coffre sur le toit. La boucle d'oreille en croix s'agite de plus belle. Cette fois, on ose. « C'est pour emmerder les gens qui posent la question ! » Il regarde bien dans les yeux, explique qu'un chanteur dont il ne se souvient plus du nom a la même. « Ah oui, Elton John. Il paraît que suivant si on la porte à gauche ou à droite ça veut dire qu'on est homo. J'ai pas vérifié ! »

Il part d'un immense éclat de rire. On le taquine sur son côté mystique. Il dégaine une nouvelle fois son portable et montre la photo de son profil WhatsApp. Il apparaît déguisé en cardinal, avec un lourd collier orné d'un Christ en croix. « Trouvé au marché aux puces », assure-t-il. Quelques images plus loin, on le retrouve en habit de Vieux Grenadier. Ça fait vingt-sept ans qu'il le porte. « On dit costume, s'il vous plaît. Déguisement, c'est pour les clowns. » Un dernier regard pour *Gino*. « Comme dit le véto, il peut tirer encore au moins deux ans. Ça ira. Tranquille, comme un pépé. Maintenant, il va retourner dans son palace, hein bonhomme ? »

L'art de l'éducation

Léger brouhaha à la réception. Un chien qui halète, une voix qui tente de le calmer. Puis celle de l'assistante : « Mais c'est *Gibus* ! » C'est bien lui, *Gibus*. Un springer spaniel couleur chocolat. Il entre dans la salle d'attente en faisant des bonds, sa maîtresse au bout de la laisse, concentrée pour ne pas perdre l'équilibre. Elle a 70 ans, en fait dix de moins. C'est une dame chic, pull noir, pantalon pied-de-poule, un pendentif en forme de cœur sur la poitrine. Elle est élégante et bien coiffée d'un chignon blanc. Son chien continue de sauter dans tous les coins de la pièce. Elle remet en place un cheveu indiscipliné imaginaire et s'excuse d'emblée d'une voix distinguée : « Il est jeune. Il a 2 ans et demi. » Elle tente de reprendre contenance, par habitude. Puis semble se raviser, épuisée de jouer un rôle. Et lâche comme on avoue une faute : « Je n'arrive pas à le dresser. Il n'obéit pas. C'est un vrai problème. »

Elle vient officiellement pour un rappel de vaccin, mais la visite cache un autre but : trouver une solution pour s'imposer. Car elle est lucide. Ça ne peut plus continuer comme ça. Elle n'ose même plus le lâcher à la campagne. « Il court vers les piétons, les cavaliers, les joggeurs. Il n'est pas méchant, mais il ne m'écoute pas et cela me cause des ennuis. » Il y a deux semaines, elle s'est fait insulter par un cavalier. « Il m'a dit : « À votre âge, quand même, vous pourriez le dresser ! » La dame, mortifiée, n'a rien répondu. Justement, elle n'y arrive pas. Alors elle fait des hypothèses. Pourquoi ? Pourquoi est-ce que ça lui arrive à elle ? Il vient pourtant d'un bon élevage, près de Fribourg, comme son chien précédent, un springer également. Une bonne lignée. Une bonne famille ! « Il faut dire que celui d'avant, je ne l'ai eu qu'à l'âge de 1 an. Il avait été dressé pour les concours, alors évidemment, il obéissait au doigt et à l'œil. » Avec celui-ci, elle n'a pas réalisé, dit-elle. Elle a pensé que ce serait le même modèle. Ce n'est pas le cas. « Je n'en fais pas façon », ajoute-t-elle en tirant une fois de plus sur la laisse. Elle vacille un peu, se cramponne à son siège pour éviter de se faire emporter par la force joyeuse de l'animal. Assise à nouveau, elle donne quelques ordres : assis, la patte, gauche, droite. Le chien s'exécute à la perfection et on s'émerveille, soulagé pour elle. Elle affiche une moue peu convaincue, teintée tout de même d'une pointe de fausse modestie. « Oui, oui, il a un minimum d'éducation. » Puis elle repart sur les hypothèses. Faudrait-il un cours de dressage ? À qui demander ? N'est-ce pas trop tard ? À 2 ans et demi, les mauvaises habitudes ne sont-elles pas déjà prises ? Pire, irréversibles ? On tente une comparaison avec les adolescents pour la réconforter. Non, ce n'est sans doute pas trop tard. Il faut tenir le cap, ne pas se décourager. Un mauvais moment à passer. Elle tripote son sac verni. Soupire dignement. « Moi, mon fils, il a 52 ans, alors je ne peux pas juger. C'était différent à l'époque. Je ne connais pas les enfants d'aujourd'hui. » À son ton, on devine une désapprobation générale. L'omniprésence des portables, la vie qui devient toujours plus virtuelle, tout cela la laisse perplexe. « Avec ces iPod, tout ça… Je ne sais pas… Tout de même, lire son journal avec un café, l'odeur de l'encre, la sensation du papier sous les doigts, c'est quand même un plaisir ! » La conversation dérive vers une modernité qui lui semble étrangère, puis l'assistante arrive. Et le chien se précipite sur la nouvelle venue. La laisse s'enroule dans les jambes frêles de la dame. Elle se lève, menace de s'encoubler. Un regard gêné, un dernier sourire né d'un autre monde. Et une sortie de la salle d'attente plutôt rock'n'roll.

Un moment plus tard, elle quitte la consultation. À la réception on l'entend qui s'exclame encore : « Non, tu viens là, tu viens là. Regarde comme tes petits copains sont sages ! »

Méditation

« C'est une fille ? » Elle est ravie d'avoir de la compagnie. Elle a posé la question avant même que la nouvelle arrivée ne soit assise. Elle aussi a un york. Idéal comme début de conversation. Même si c'est un mâle. Les deux chiens s'ignorent, les deux maîtresses se flairent. La dernière venue porte une invraisemblable robe rouge vif en dentelle. Elle rit bruyamment, chaleureuse, exubérante. C'est comme si, tout à coup, l'air ambiant s'était mis à bouger plus rapidement dans la salle d'attente. La première est plus classique, brushing impeccable, allure réservée.

« C'est un garçon, il s'appelle *Nemo* », annonce la dame en rouge en désignant son york. « Mais t'es pas un poisson pourtant ! » réplique la classique. Une manière comme une autre de briser la glace. La maîtresse de *Nemo* rit. Mais dégaine aussitôt.

« Qu'est-ce qu'il mange le vôtre ?

– Des croquettes de Royal Canin pour york et des boîtes Cesar, récite, appliquée, la première, sûre d'être au top.

– Moi, il ne veut que des cuisses de poulet », lâche la rouge après un mini-silence triomphant.

La faussement réservée enchaîne en mode dégoûté :

« Crues ?

– Non cuites. Et fraîches ! Je ne peux pas en cuisiner pour trois jours et les mettre au frigo. Il le sent tout de suite. »

Un air faussement contrit, encore un rire sonore. « *One point* » pour la dame en rouge. « Il est gâté ! » conclut la première, vaincue. Les comparaisons s'enchaînent : les âges, un peu les pipis. Sur « l'alèse verte uniquement, celle qui sent l'herbe » pour le york addict au poulet.

Puis la maîtresse de *Nemo* explique que son chien n'arrive plus à monter sur le canapé depuis trois jours. Elle ne sait pas ce qui se passe. Elle fouille rapidement dans un sac bleu Love Moschino, tout en évoquant ses problèmes à elle : deux hernies discales et un doigt de pied cassé. L'attelle, c'est pour ça. Une femme avec un labrador écoute la conversation sans dire un mot. Elle observe la scène, son chien étendu à ses pieds. La dame classique est partie. La robe rouge s'ennuie. « Tu vois, il a mal à la patte lui aussi », dit-elle à son york en montrant un pansement bleu sur la patte du labrador. « Non, il a un problème de transit », corrige la femme. Le ton est un peu sec, mais la dame en rouge s'en fiche. « Si je lui parle, vous allez voir, il baisse la tête à gauche et à droite. » L'animal s'exécute. La femme au labrador semble apprécier le numéro. Long soupir et froissement de dentelle rouge : « Seulement, il ne m'aime plus depuis deux jours. Je sais pas ce qu'il a. Si je vais à droite, il va à gauche. » Une petite caresse. « Tu veux participer à la conversation, hein ? Tu as mal ? » Nouveau soupir. « Je me demande s'il veut pas m'imiter », dit-elle en désignant son pied blessé. Elle semble hésiter un instant. « Si je vous raconte ça, vous allez vraiment penser que je suis folle… » Encore un doute. Puis l'envie l'emporte. Elle a écouté un CD de méditation guidée « basée sur des sons étranges », dimanche dernier. C'était la première fois. « Je vous jure, j'avais l'impression qu'il voyait quelque chose au-dessus de ma tête. » Elle rit. Très fort cette fois, glisse au passage qu'elle est pharmacienne, histoire de désamorcer tout soupçon d'irrationalité. S'interroge : peut-être que cela lui a fait quelque chose ? Puis c'est son tour. Cahin-caha, elle s'en va. La femme au labrador n'a pas dit un mot. On imagine des pensées sévères. On a tort. Elle enchaîne : « Vous voulez une autre histoire de méditation ? » Elle aussi pratique. Elle suit des cours de MBSR (Mindfulness-Based Stress Reduction) à l'hôpital. Lors des séances, chez elle, son chat s'installe en hauteur. Le labrador se met contre son flanc. Toujours selon le même rituel. Elle ne doute pas qu'ils méditent eux aussi. « Ils nous observent beaucoup... » Puis, revenant sur la dame rouge, elle diagnostique d'un ton définitif : « Moi, je suis persuadée que c'est à cause de son attelle que son chien a mal. »

Merlin

Il est du genre discret. Assis sur son siège gris, sans faire de bruit, une cage à ses pieds avec une chatte qui n'a pas envie d'être là. « Elle aime mieux chasser dans le jardin que de venir ici… » Ils sont là pour les vaccins, mais la salle d'attente, ils la connaissent dans ses moindres recoins. L'homme a récupéré *Mia* chez SOS-Chats. Elle a 2 ans et le coryza. Entre autres. Elle fait des brusques montées de fièvre, jusqu'à 42. « À force, on ne va même plus chez le vétérinaire. On a l'habitude. » Il estime malgré tout avoir eu de la chance. Les frères et sœurs de *Mia* sont, eux, rapidement devenus aveugles d'un œil. Il est en contact avec les propriétaires de la fratrie. À SOS-Chats, on ne leur a rien révélé de la vie antérieure de la portée. Il ne se plaint pas. Pour lui, adopter un rescapé était simplement une évidence. Un chat de race, il n'y a même pas songé. Et lorsqu'il voit le destin du maine coon de ses voisins, cloîtré par ses maîtres de peur qu'il ne soit volé, il se réjouit du sort de son bâtard. Même malade.

Nous en sommes là lorsqu'une dame très âgée entre dans la pièce, agrippée à son déambulateur. Elle porte un pull bleu et flotte dans un pantalon foncé. L'assistante la suit avec son chat. La cage semble lourde. « Il pèse 7 kilos… Je ne peux plus le porter, alors j'attends le jour où la femme de ménage vient chez moi pour qu'elle m'aide à le mettre dans le coffre de la voiture. » Visiblement, elle conduit toujours. L'homme discret tente de dissimiler sa surprise. La dame ne remarque rien, trop occupée à s'installer. Ses pieds touchent à peine le sol une fois assise et elle annonce immédiatement qu'elle n'a pas grand-chose à raconter. Elle vient pour les reins, un peu pour les griffes. L'homme écoute le récit s'épaissir, attentif. Le chat brun s'appelle *Merlin*. Il a 17 ans, mais elle l'a récupéré à l'âge de 7. Il vivait dans une maison qui devait être vendue rapidement. Une histoire de famille, un héritage qui tourne mal, avec un chat coincé au milieu. Une saga. L'homme discret sourit. La dame conclut provisoirement, glissant ses vieux doigts à travers le grillage pour quelques caresses : « Ils ont annoncé la pluie. » Ronronnement de Merlin. Clignement d'une paire d'yeux bleus hautains.

« C'est le seul de mes chats qui aime la cage, reprend-elle. Et vous, il est difficile ?

– Ça va », répond doucement l'homme.

Silence. Puis nouvel aveu. « Vous savez, moi, je n'en voulais pas. J'avais perdu le précédent. Il est mort subitement d'un cancer, j'ai trop souffert. Mais une amie a insisté. Elle m'a dit : « Oui, mais celui-là, tu ne l'as pas vu ! » Ça a été le coup de foudre. » La dame âgée a l'air aux anges. Enchantée par son *Merlin*. À les observer, on se sent presque de trop dans la salle d'attente. Une femme blonde, pull noir et sac moutarde, entre avec un petit chien. « Qu'est-ce qu'il a ? » s'inquiète aussitôt la dame âgée, une main sur son déambulateur. « Il est vieux ? » C'est un bichon. Il a 11 ans. Une hernie aux cervicales. Soupir inquiet de sa maîtresse. « Ce n'est pourtant pas une race prédisposée aux hernies, contrairement aux bouledogues français. Celui de mon fils a déjà été opéré trois ou quatre fois. » Elle a un accent anglais. Dit que cela fait cinquante ans qu'elle vit en Suisse. « Je sais, je fais peu d'efforts pour l'atténuer. » Elle prononce la phrase avec une pointe de culpabilité. Une coquetterie sociale. Car elle évoque avec plaisir sa vie d'avant. L'Afrique, l'Inde, avec son mari médecin pour l'OMS. « Nos meilleures années ? L'Inde, dans les années soixante. » Une jeune femme en doudoune rouge interrompt le flot des souvenirs. Elle porte son chien comme un bébé. D'ailleurs elle l'appelle comme ça, « bébé ». La vieille dame, elle, repart en poussant son déambulateur. L'assistante à ses côtés, avec *Merlin* qui trône dans sa cage. Manucure faite.

Crevette et pigeon

Elle arrive, pressée, avec un bidon en plastique bleu, couvercle jaune. Jamais vu une chose pareille dans la salle d'attente. Quel genre d'animal peut bien se cacher là-dedans ? Cheveux coupés au carré, jupe moulante, veste noire et talons aiguilles, elle part d'un éclat de rire gêné : « C'est une chatte ! Elle vit dans un EMS. Normalement, on utilise ça pour les déchets, mais c'est la seule chose que j'ai trouvée pour la transporter. Elle déchire tous les cartons. » La jeune femme sourit encore en précisant : « Il est propre le bidon ! » La chatte s'appelle *Crevette*. Elle ne mange plus, comme si quelque chose était resté coincé dans sa gorge. Elle, c'est la réceptionniste de l'établissement. Et la préposée au chat, qui squatte depuis six ans la résidence pour le plus grand bonheur des soixante pensionnaires. « J'ai quand même appelé la propriétaire pour savoir si elle était d'accord que je l'emmène chez le vétérinaire. Elle m'a répondu : « Faites comme vous voulez, elle vit chez vous. Ce n'est plus mon chat. » Brève conversation sur les vertus des animaux pour les personnes âgées. Mieux que les robots. Puis elle disparaît en consultation, traînant tant bien que mal le conteneur bleu. Sur l'anse de son sac, un Milou miniature en peluche se trémousse au gré de ses mouvements.

Un petit monsieur bien habillé, chandail en laine, pantalon velours et lunettes fines entre avec une grande cage blanche. À l'intérieur, un pigeon gris. Il ne sait pas trop ce qu'il a. Il ne bouge plus. Il ne vole pas. Il vit chez lui. Toute la famille vit chez lui. Il y en a neuf en tout. La plupart du temps, ils s'ébattent dans une grande volière aménagée sur son balcon. La nuit, deux d'entre eux dorment dans sa chambre. Il est médecin. Pour lui, contrairement aux idées reçues, les pigeons ne rendent pas les hommes malades. Il faut juste faire attention à bien nettoyer le sol. Sinon ils attrapent la « coccidiose ». Il épelle, précis, avec un soupçon d'accent espagnol. « Moi, j'ai des personnes qui s'en occupent. » Regard sur la cage. Cela fait trois jours que le pigeon est sous antibiotiques. Il s'appelle *Pouf*. L'homme hausse les épaules, vaguement gêné de prononcer ce nom. Renonce à divulguer celui des autres, mais ajoute qu'ils ont tous un patronyme et un carnet de santé.

Son premier pigeon, c'était il y a douze ans. « Quelqu'un qui travaillait pour moi en a ramassé un sur l'autoroute. Je l'ai soigné, puis j'ai trouvé une tourterelle au refuge de l'Espoir en France. » Le pigeon a fini par s'envoler. La tourterelle n'a jamais voulu partir. « Vous savez que ça vit trente ans, une tourterelle ? » Après un silence, il poursuit. « Moi, je me bats contre l'euthanasie des animaux ! Dès que les gens ont une facture élevée chez le vétérinaire, ils les tuent ! » Il raconte l'histoire de ce docteur qui a voulu endormir son chat de 12 ans, atteint du cancer. « Je l'ai traité comme un humain et il a guéri. » Puis celle de son chien, euthanasié à tort selon lui, dans une clinique bernoise à laquelle il a fait un procès. Et qu'il a gagné, insiste-t-il. J'essaie de ramener la conversation sur les pigeons. Il s'égare dans ses souvenirs. « Le premier, c'était un ramier, avec un collier blanc. Il dormait sur ma main. Mais il est parti. Moi, j'ouvre les cages. » L'oiseau malade, lui, ne bouge pas dans la salle d'attente. L'œil fixe, comme s'il écoutait.

Juste avant de se lever, l'homme ajoute : « Le plus extraordinaire, c'est que depuis douze ans, sa famille revient chaque année faire ses petits à cent mètres de mon chalet. » L'assistante patiente en attendant la fin de l'histoire. Il s'en va. Il y a encore des chiens, puis des chats. Enfin, la jeune femme de l'EMS revient à la fin de sa consultation. Elle risque une tête radieuse sur le pas de la porte : « C'était pas grave. Une laryngite. Ils m'ont même offert une cage, du coup ! » Rassurée, elle remporte sa boîte à déchets. Et sa *Crevette*.

Urgence : la préparation

Une, deux, trois cages sont alignées sur le comptoir de la réception. « Comment ça va ? » demande l'assistante. « Mieux que les hérissons ! Enfin, aujourd'hui, moi ça ne va pas non plus. » La femme repart en trombe vers le parking, revient avec d'autres sacs, boîtes, Tupperwares. Pose le tout là où elle peut. C'est le branle-bas de combat au cabinet. Tout s'arrête ou presque. La salle d'attente sera vide un moment. On se croirait dans la série « Urgences ». Christina Meissner débarque chez le véto. Cheveux blancs impeccables, pull en laine bleu pétrole et jean assorti, la présidente de SOS Hérissons pose son sac en cuir noir dans la salle d'opération, sort une feuille quadrillée et un stylo. « Aujourd'hui, c'est médecine de guerre ! » Il y a des cages partout. Sur chacune, une étiquette soigneusement accrochée avec le nom de l'animal et son sexe. Elle pose délicatement les bestioles à tour de rôle sur le billard, plante un masque à oxygène sur un museau, grattouille un ventre avec des ongles vernis en violet, énumère les blessures du jour. « *Émilie* ! Débroussailleuse à fil ! Elle a perdu une oreille. Avec le printemps les engins à lames, ça y va ! *Joana*, une patte sectionnée et infectée. *Franfran*, c'est encore pire. *Sven*, c'est le derrière... Chrumpf ! » Elle mime une amputation avec l'index et le majeur, respire un coup avant d'enchaîner. « *Cépidée*, rue du Vidolet, shootée par une voiture. Elle a la mâchoire défoncée. » Il y a encore *Mawi*, amputé d'une patte avec une langue en mauvais état. *Marius*, une patte lui aussi. Une hécatombe. Les hérissons viennent de tout le canton, voire de France. Amenés par des particuliers, la police ou les pompiers. Chacun avec son drame. Cela fait 15 ans que Christina Meissner les récupère et tente de les remettre sur pattes. Un garage entier à Vernier transformé en clinique. Et chaque semaine, un convoi chez le véto pour sauver ce qui peut l'être. « 61 accueillis, 13 libérés, 35 en soins, rien que cette année », s'exclame-t-elle d'une voix sonore, avant de baisser d'un ton. « 13 n'ont pas pu être sauvés ». En attendant l'arrivée du vétérinaire, l'assistante slalome avec sa tondeuse entre les piquants d'*Émilie* pour dégager la blessure. Christina observe en retenant son souffle. « Attention à la peau ! » Sans transition, elle reprend, habituée à raconter son histoire : « On rencontre un animal mal en point, on va chez le véto une fois, deux fois, trois fois, on les euthanasie... et puis un jour on se dit qu'on va faire autrement. » Un travail quasi à plein temps. « Sept heures par jour, assure-t-elle. J'essaie de bosser entre deux. »

Un bruit de tondeuse. Un clic. La politicienne fait des photos, documente chaque étape pour alimenter son site. Son portable est recouvert d'une invraisemblable fourre en peluche rose délavé. Qu'est-ce que c'est que cette chose ? « Une coque pour téléphone en forme de lapin ». Elle rit. Deux longues oreilles en fourrure synthétique traînent sur la table d'opération. Puis, tout à coup, l'atmosphère change. Lunettes sur le front, le véto entre et s'installe à la table, déjà concentré sur l'animal qui patiente sous la lampe.

« Tondeuse automatique ?

– Débroussailleuse à fil ! » réplique Christina.

Les secondes défilent plus vite. *Émilie* ne respire plus !

« Respire ma fille, respire !

– J'ai du mal à trouver le canal auriculaire, lance le véto.

– On peut vivre avec une oreille, se convainc la sauveuse.

– Oui, mais je ne peux pas recoudre par-dessus ! » soupire le professionnel qui finit par trancher sans attendre de réponse.

Émilie ne sera pas opérée aujourd'hui. Antibios pendant une semaine. Il attrape le hérisson par la peau. On dirait une poche qui pend. « Il n'est pas gros…

– Comment ça ? » s'insurge Christina, piquée au vif. « Elle fait 945 grammes. Pour une femelle, c'est parfait ! » *Émilie* est remballée dans du papier ménage, remise en cage. « Next ! »

La revanche des petits

Une chatte, un chihuahua, avec une mère et sa fille. La maman et la fille chuchotent. Deux petites souris dans la salle d'attente. La fillette, appliquée, lit une brochure intitulée « Je l'aime, je le vaccine ». Ses grosses baskets colorées pendouillent au-dessus du sol. Le petit chien couine. La chatte est roulée en boule dans une boîte violette, assortie à la veste de la maman blonde. Puis une dame, avec un chignon et des lunettes, entre, un chien dans les bras. Il ne porte pas de laisse. C'est un chihuahua crème, il tremble. Elle en a quatre. Tous adoptés à la SPA. Celui-ci n'arrive plus à se lever. « J'ai aussi quatre enfants… On va pas comparer les enfants aux animaux, mais quand même, je me fais autant de souci pour eux ! » Rire. Approbation de la maman. Regard en coin de la petite fille. La dame au chignon vante les mérites de la race. Un coup de cœur, vraiment. « Ce ne sont pas du tout des chiens à mémères. Ils sont craintifs, mais très intelligents. Vous aussi c'est un chihuahua ? » Nouveau hochement de tête de la femme blonde : « Moi, c'est pareil, j'ai eu le coup de foudre. C'est une race ultra-attachante. On a aussi un yorkshire, plus âgé… »

Près de la porte d'entrée, un couple discret les écoute, l'air de rien. À leur pied, un yorkshire, justement. L'homme n'a visiblement pas envie de parler. Sa femme se contente de répondre aux questions du bout des lèvres. « Il a une petite masse, là », dit-elle en touchant le flanc de son chien. Les deux propriétaires du chihuahua se résignent. La discussion reprend, entre elles, sur les salles d'attente. Celles des cabinets de pédiatrie, versus celles des vétérinaires. « Moi, je les connais bien les salles d'attente, je suis infirmière ! Je peux vous dire, les animaux passent avant beaucoup de choses… J'ai vu des gens se priver de manger pour nourrir leurs bêtes. » Pause. « Oui, mais en même temps il y a des gens qui les maltraitent », réplique la maman blonde d'une voix aiguë. Légère hésitation de l'infirmière qui garde le lead : « C'est vrai, mais ce ne sont pas eux que l'on retrouve dans les salles d'attente ! »

Un couple âgé, avec un grand caniche blanc, s'installe. La nouvelle tente de s'intégrer à la conversation et lance avec un accent sud-américain : « C'est vraiment obligatoire un vaccin contre la rage pour un chien de 15 ans ? » La question n'en est pas une. D'ailleurs personne ne répond. La fausse interrogation se perd dans le brouhaha. Déçue, elle retente sa chance, plus frontale : « Ça donne pas beaucoup de travail un petit chien ! C'est pratique… Pas besoin de faire de grandes promenades. » Cette fois, elle est entendue. Du moins par le couple avec le york, qui s'insurge : « Si, si ! Nous, le nôtre, il aime se balader ! »

La maman et l'infirmière, elles, choisissent l'indifférence face à l'attaque. La dame au chignon caresse son chien, toujours lové dans ses bras :

« À la maison, j'en ai deux de ce gabarit. Mais y a plus petit encore… 3 kilos.

– Moi, je n'en voulais pas un trop petit, quand même; avec les enfants, c'est trop fragile », explique la maman blonde.

Le grand caniche s'en va. Sa maîtresse latino sur les talons. Soupir de l'infirmière. « Vous pouvez pas savoir le nombre de fois où j'ai entendu que les chihuahuas n'étaient pas des vrais chiens ! Vous n'avez jamais entendu ça, vous ? » Approbation de la maman. Et du couple avec le york, qui sort de son mutisme :

« Ils pensent que ça sert à rien un petit chien.

– L'avantage, c'est qu'ils passent partout. Même en bagages à main dans les avions. Bon, avec quatre, maintenant, c'est plus compliqué, mais quand même », s'exclame l'infirmière.

Dans la salle d'attente, ça sent la revanche des petits. Le couple avec le york est désormais intégré. On s'intéresse au nom de l'animal :

« Et vous, le vôtre, il s'appelle comment ?

– *Tyson*, répond la femme. Il est petit, alors il fallait lui donner un nom puissant. »

Mojgan et les podencos

Longue jaquette en laine grise, jean gris, baskets noires. Un trait de khôl à la lisière des cils. Elle vient pour une biopsie. Son lévrier vide la fontaine à eau de la salle d'attente. Elle le laisse faire. Elle le laisse tout faire, comme ses onze autres chiens. «Chez moi, ils sont totalement libres. Ils ont assez souffert.» Ils viennent d'Espagne. D'Andalousie ou des îles Canaries. Ces chiens de chasse ont subi les pires atrocités. «S'ils chassent mal, on les pend aux arbres, on leur casse les pattes, on les jette vivants dans des puits, on les brûle à l'acide. C'est des barbares! Là-bas, ils ne dépensent pas un centime pour euthanasier les animaux.» Elle parle vite, indignée, enchaîne sans reprendre son souffle. «Vous savez ce que c'est la méthode de la danseuse?» Sans attendre la réponse elle poursuit, intense: «Ils sont pendus, les pattes touchent à peine par terre, ils sautillent sur place jusqu'à épuisement et ils agonisent comme ça.» Elle mime la position. *Dalaï*, son grand chien roux, pose sur elle ses yeux noisette. Des yeux très doux. «Les podencos sont d'une gentillesse extrême. C'est une chance extraordinaire qu'ils n'en veulent pas à l'homme du mal qu'il leur fait.» Sa voix grave a fait taire l'assemblée. Aujourd'hui, personne ne rit dans la salle d'attente.

Elle s'en va presque à regret pour l'examen. Elle aurait tant à dire sur les lévriers podencos. Un homme aux cheveux blancs, veste en cuir noir avec un chien bas et très long, ose à peine parler des problèmes de son animal. «Moi, c'est les gencives, dit-il. C'est la troisième fois que je la ramène. Même avec les antibios, ça ne passe pas. Elle a les joues toutes gonflées. Vous voyez, là?» La chienne tire mollement sur la laisse automatique jaune fluo. L'homme fait les présentations, attendri. «C'est une welsh corgi. Une grand-mère de 16 ans. Son vrai nom, c'est *India Sommer Von Mosacher.*» Il prononce d'un seul trait, puis ajoute: «Mais nous, on l'appelle *India.*» Un monsieur avec une veste à carreaux et un berger allemand s'installe à son tour. Toussotement en guise de bonjour. Le berger allemand observe la grand-mère qui reste impassible. Froufrou des sacs plastiques entortillés dans les laisses respectives. Les deux hommes se taisent. Sur l'écran, un énorme chimpanzé se gratte les fesses. Puis la dame au lévrier réapparaît. Elle s'appelle Mojgan, un prénom perse. Mais son origine n'a guère d'importance. Elle veut surtout décrire le sort des lévriers espagnols.

«Un jour, je suis tombée sur un article qui parlait de ces chiens. J'avais la chair de poule. L'Espagne, j'y allais comme touriste, je n'imaginais pas l'envers du décor.» Elle se renseigne, regarde des vidéos. Quelques nuits de cauchemars plus tard, elle adopte sa première chienne, *Fanny*, une femelle toute blanche. Cela fait dix ans. Les autres suivent. Récupérés dans un refuge, sauvés *in extremis* d'une fourrière. Mojgan s'engage, part faire du bénévolat. «C'est là où j'ai découvert l'horreur à ciel ouvert. Y a des chasseurs qui en ont 30!» Retenus dans des lieux insalubres, parfois enchaînés à 50 centimètres les uns des autres dans des galeries souterraines. «Pour ces gens, bien sûr, on est des farfelus. Des tarés qui veulent mettre les chiens sur les canapés. Pour eux c'est des outils, des objets, comme une table ou une chaise.»

Révoltée, elle dédie désormais sa vie à ce combat. «J'en adopte un tous les 8 mois environ.» Elle a transformé sa voiture. Les promenades virent à l'expédition. Elle rit: «On me prend pour une gentille folle.» Et parfois, certains la remercient. Comme cet homme, croisé au détour d'une balade. «J'en tenais 11 en laisse, il pensait que j'étais promeneuse de chiens! Je lui ai raconté mon histoire. Il m'a dit: "Merci pour eux." Elle fait glisser une longue mèche de cheveux bruns derrière l'oreille. Sincère, simple, elle conclut: «Mais on n'a pas à me dire merci. C'est mon choix, ma passion. C'est moi qui dois leur dire merci. Ils m'apportent tellement.»

Au nom des bêtes

Comment il s'appelle ? « *Kali.* » Comment ça s'écrit ? Silence horrifié. Elle s'empourpre. « Euh... Je ne sais pas. Il vient de la SPA. J'avoue que je ne l'ai jamais écrit ! » Elle regarde son chien, sous le choc, puis, comme pour elle-même :

« J'ai jamais écrit son nom...

–Vous lui avez jamais envoyé de carte postale ? demande une femme assise en face d'elle. Nous, quand on part en vacances on lui en envoie des courriers. »

Regard un peu interloqué de la patronne de *Kali*. Non, pas de cartes. Puis elle reprend : « *Kali*, *Kali*, avec un K ou avec un C ? Je vais aller voir dans son dossier ! » Elle se lève en riant. « C'est la honte, la honte ! » Elle se retourne brusquement vers la salle d'attente, assure en gesticulant : « Mais je sais comment s'appellent mes enfants ! » Nouveau rire pour cacher la gêne. « Miss, tu t'imagines ? Je sais pas écrire ton prénom. » Elle est en boucle. La chienne n'y comprend rien. Elle a juste un problème à une patte. Rien de grave, une mauvaise réception. « Mais vous n'allez pas écrire tout ça, si ? » Si.

Un peu plus tard, une femme avec une casquette noire s'est plantée une écharde dans le doigt. Elle demande une pince à épiler à la réception. « Mais c'est un morceau de plastique ! Vous vous êtes donnée ! » s'exclame l'assistante en désinfectant l'index. La femme sourit, chantonne, s'en va. Et revient avec un border croisé appenzellois. « Elle est cardiaque », dit-elle simplement en s'installant dans la salle d'attente. « Hein, *Momo* ? » L'animal a 11 ans, a beaucoup maigri et perdu tous ses muscles. Son vrai nom c'est *Mützeli*. « Ça veut dire petit ours en suisse toto, je crois. Mais je le parle pas. Je suis née ici. Mon père était Bernois. » Penchée sur une feuille, elle tente de se souvenir de tous les médicaments qu'ingurgite la malade. Une sacrée liste. Elle mordille son stylo. La chienne tremble. « Moi, c'est le dentiste que j'aime pas. » Une mèche de cheveux blancs s'échappe de sa casquette, ses yeux très bleus sourient : « Vous allez pas me croire, j'avais justement rendez-vous ce matin chez le dentiste, mais j'ai dû annuler pour venir ici. » Puis elle sort son cahier de mots fléchés. Force 2. « Ça va. De toute façon j'ai les solutions, je peux tricher. »

Mützeli est maintenant aplatie sur le sol. Si elle pouvait se fondre dans le lino, elle n'hésiterait pas. « Je ne sais pas pourquoi j'ai choisi ce nom. Quand je l'ai vue, j'ai su. C'est mieux que *Maya* ou *Moki*. » L'assistante l'appelle. La chienne se relève au ralenti. « T'es pas pressée d'y aller, toi ! » Dans la salle d'attente, il ne reste qu'une seule dame. Un peu en avance. Dans son panier en osier, une tortue de 50 ans qui appartient à sa mère. Enfin, c'est sa sœur qui l'avait reçue pour ses 5 ans, il y en a quarante-cinq. Une vie entière à l'arrière de la machine à laver l'hiver, sur le tapis du salon et le balcon l'été. Elle vient pour une manucure. « J'ose pas lui couper les ongles. Vous voyez, là, ça rebique. » La femme, longs cheveux bruns, voix rauque de fumeuse, toute en noir, raconte les frasques de la tortue, ses goûts, les mille et une petites anecdotes qui écrivent une vie, en ponctuant son récit de rires brefs. « En fait, elle a pas eu grand-chose. » Une morsure de chien il y a vingt ans. Et un accident de grillage. « Elle a réussi à se planter un fil de fer entre les deux yeux, mais ça lui a pas touché le cerveau. » Sinon, rien. Une santé de fer. Elle regarde dans le panier, songeuse, en quête d'une autre histoire à raconter. « Quand ma mère l'appelle, elle vient ou elle sort la tête… Moi, elle m'aime pas trop. Mais elle sait que je lui donne à manger. » Son nom ? *Caroline*, forcément. « Toutes les tortues s'appellent *Caroline* ! Je crois que ça vient d'une BD dans les années 70. Une petite fille avec une salopette rouge… » Mais les souvenirs d'enfance jouent parfois des tours. Si Caroline avait bien une salopette rouge. La célèbre *Caroline*, tortue insomniaque, fan de bob, c'était dans *Boule & Bill*…

La plume du faucon

Il entre dans la salle d'attente son faucon perché sur la main. L'oiseau ne bouge pas. Il porte une coiffe de cuir sur la tête. Aveuglé, il semble indifférent à l'environnement. Chemise à carreaux, teint hâlé, l'homme s'installe comme si de rien n'était sur les sièges gris. Il pose une grande enveloppe blanche à côté de lui. Il ne dit rien. Il observe son faucon. Pas simple d'engager la conversation. L'oiseau a une plume cassée. Il vient lui en faire coller une autre par le véto. Il tente de soulever l'aile du volatile qui se débat un peu pour montrer la partie abîmée. On ne voit rien. Puis il renverse le contenu de l'enveloppe sur un siège. Quelques plumes, un tube d'Araldite. « On en trouvera bien une qui conviendra. L'important c'est de la fixer solidement. Les faucons volent à 200 km/h. Ce sont les oiseaux les plus rapides du monde ! » J'ai mille questions et peu de temps. La salle d'attente est vide et ce sera bientôt son tour. Des faucons, il en a douze chez lui. Tous nés en captivité. « Évidemment, les premiers, j'ai été les chercher en Afghanistan et en Turquie. Mais c'était il y a longtemps. Quand j'étais jeune et que l'on pouvait traverser les frontières… » Celui-ci a deux mois. Pas encore de nom. Pour être baptisé, il devra faire sa première prise sauvage. Question de tradition. Une chose est sûre, son nom commencera par la lettre « F », explique l'homme. Chez les rapaces aussi les années correspondent à l'alphabet.

Ses faucons, ils les élèvent pour le plaisir. Chaque soir il les emmène voler. Bref sourire : « Même si ça ne dure pas longtemps, il faut une femme compréhensive. » Parfois, ils chassent. Particuliers ou gardes-faune font appel à lui pour se débarrasser des corneilles. Et des freux. Cette année, c'est surtout les colonies de cette espèce de corbeaux noirs qui posent problème. Plus de 150 prises depuis le début de l'année. Les démonstrations de faucons, il n'en fait jamais. « Je ne suis pas un fan. J'ai l'impression qu'ils prostituent… enfin, chacun son truc. Moi je ne fais pas ça. »

À travers la vitre, un couple promène ses chiens dans le jardin. Ils tournent en rond. Lui, une queue-de-cheval. Elle, un pantalon de jogging et un T-shirt « What's so fucking great about it ? » Les prochains clients. Dans la salle d'attente, l'homme au faucon ne les regarde pas. Il glisse qu'il est médecin. Qu'un faucon comme celui-ci vaut dans les 50 000 francs. Mais il ne les vend pas. Surtout pas aux émirs des pays du Golfe, grands amateurs de rapaces. Il n'apprécie guère leur manière de les garder en détention. Un de ses volatiles va tout de même partir en Gironde, chez Dassault. Le constructeur des Rafales utilise les rapaces pour éloigner les oiseaux des pistes d'envol. Et des turbines. Comme certains aéroports.

Il parle avec des mots choisis de sa passion qui remonte à l'adolescence. Se souvient du moment où son père lui a offert son premier traité de fauconnerie. Et son récit fait voyager à travers le Moyen Âge, de François Ier à Louis XIII. Des steppes d'Asie centrale aux princes du Qatar. Il sait tout. S'exprime avec un vocabulaire précis, balance un peu de latin par-ci, par-là. On devine les codes, tout un monde de chevalerie. Puis il lâche sans transition : « Ce qui a tué la fauconnerie ce sont les armes à feu. C'est bien plus efficace pour chasser. » L'oiseau, lui, ne bouge toujours pas. Le jeune couple avec les deux chiens est maintenant installé sur les sièges. Un malinois et un leonberg. Ils sont à l'affût. Il faut les tenir fermement. La jeune femme tend la laisse du malinois à son copain. « Tiens, je te le donne, il me fait chier ! » Le garçon reprend les rênes. Elle, c'est les molosses qu'elle préfère. L'homme au faucon est parti en consultation. Le véto a sorti les plumes de l'enveloppe blanche. Il compare, essaie, taille, jette son dévolu sur une longue plume blanche et l'ajuste. Les ailes immenses fouettent l'air de la pièce. Puis le faucon se résigne. Un peu d'Araldite. Le médecin observe d'un œil averti le véto. Visiblement satisfait du résultat.

« Coco » la corneille

Espadrilles bleues, chemisier imprimé, elle entre, discrète, avec un chat nu. Un sphynx. Il ne mange plus. Elle est inquiète. Les chats nus, elle adore. Elle en a deux. *Nikita* et *Jaya*. Un véritable coup de foudre. Elle est tombée sous le charme après en avoir vu un dans une exposition à Lausanne. C'était il y a douze ans. « L'éleveuse m'a permis de le toucher. Ça s'est confirmé... » Elle sourit et son visage s'éclaire. Elle dit doucement en caressant son chat : « C'est extraordinaire. C'est comme une peau humaine. » Et après une légère hésitation, elle livre le fond de sa pensée : « Une peau de bébé. » Dans sa cage, le sphynx, attentif, semble comprendre la conversation. Il tourne la tête lorsque sa maîtresse parle de son comportement, se redresse, la regarde. « De la glu, ajoute-t-elle. Ils sont toujours collés à moi. Rien à voir avec les autres chats. » Puis elle se tait, couve *Jaya* du regard et le cajole à nouveau. Tout à coup, après une inspiration, elle lâche en me fixant dans les yeux : « Je sais, il y a des gens qui les trouvent moches. Soit on aime, soit on déteste. Certains n'osent pas les toucher, d'autres pensent qu'ils sont froids comme des serpents. Mais ce n'est pas vrai ! »

Borborygmes du côté de la réception. Les deux chiens du cabinet aboient, entortillent leurs laisses derrière le comptoir. « Ils jouent ! lance une assistante. Hein ? Vous faites les bobets ? » Le staffie et le schnauzer géant noir se tournent autour. Plus ou moins patients. La dame discrète s'en va.

« On a rendez-vous à 17 heures. On est un peu en avance ! » Une voix joyeuse. Deux rires. Un père et sa fille qui porte une jolie robe fleurie entrent dans la salle d'attente, une cage rose à la main. Ils la déposent sur un siège, soulèvent précautionneusement le bout de tissu qui la recouvre. À leurs gestes, on devine qu'il s'agit d'un animal particulier. Ni chat, ni hamster, ni cochon d'Inde ou tortue. Non. Il s'agit d'une corneille. « C'est *Coco* la corneille », annonce le père avec une pointe de fierté. L'oiseau a une boule bizarre sur le bec. Une autre sur la tête. C'est un bébé qui ne sait pas voler. Ils l'ont récupéré devant chez eux il y a deux semaines. Depuis, ils s'en occupent. La nourrissent à coups de croquettes pour chat et de morceaux de viande. Fascinés par le volatile qui vit en liberté chez eux, sur l'îlot central de la cuisine, histoire de ne pas se faire bouffer par le matou de la maison. La fille a les yeux qui brillent. Le père est tout aussi excité par la corneille. Ils vantent son intelligence, se réjouissent de la voir sauter sur l'épaule de l'un, grimper sur le bras de l'autre. « On lui apprend à voler », dit la fille. « On la met en hauteur et elle essaie de battre des ailes », complète le père. Bref, *Coco* fait la joie de la famille le temps d'un été. Ils savent qu'elle ne restera pas chez eux. Le but, c'est qu'elle s'envole. Mais dans leurs voix, on sent déjà les regrets. Au bout d'un moment, le père lâche comme on conclut : « Moi, les oiseaux, ils me tombent dessus ! » Il a récupéré un corbeau il y a quelques années. Puis une tourterelle, en sortant du boulot. « Elle était là, juste devant mes pieds. » À chaque fois, il a emmené les volatiles au centre ornithologique. Pas cette fois. « Ils promettent de nous appeler pour nous donner des nouvelles, mais ils ne le font jamais, dit-il d'un air déçu. Cette corneille, j'ai décidé qu'on allait s'en occuper. » Depuis deux semaines, il passe des heures sur des forums spécialisés. Échange idées, conseils, astuces. Et la famille soigne l'oiseau tombé du ciel. « Elle reconnaît la voix de mon père. Elle sait quand il arrive, insiste la fille, enthousiaste. Ça va être dur quand elle va partir. » Le père approuve d'un signe de tête. Puis, d'une voix un peu moins assurée, aux relents de méthode Coué, il répète que l'objectif n'est pas de la garder. « Ça vit vingt ans une corneille ! »

L'oiseau d'Olga

Petite, un peu ronde, elle a des cheveux noirs bien tirés en queue-de-cheval, un pantalon clair et des sandales beiges. Elle s'assied du bout des fesses dans la salle d'attente, un sac en cuir noir posé sur les genoux. On dirait qu'elle va pleurer. Elle vient de déposer un perroquet dans une boîte en carton à la réception. Une boîte avec des trous et un morceau de scotch sur le dessus. Impossible de remettre la main sur la cage. Son perroquet vit en liberté chez elle depuis six ans. Depuis qu'il est entré par la fenêtre, comme ça, sans crier gare. Olga n'a aucune idée de l'âge de l'oiseau. Ne sait pas s'il s'agit d'un mâle ou d'une femelle. Elle n'est même pas sûre qu'il s'agisse d'un perroquet. Elle montre avec ses deux paumes : « Il est tout petit, tout petit. » Son fils la regarde avec tendresse et un peu d'impuissance. Il la rassure en espagnol. Ça va aller. Il dit en soupirant : « Elle est plus stressée que lui. Vous comprenez, c'est la première fois. »

Trouver un vétérinaire qui soigne les oiseaux n'a pas été simple. Mais ils sont là, enfin. Et maintenant Olga a peur. Son protégé a une tumeur sur le cou. Elle ne le dit pas mais elle pense que c'est grave. Ses mains triturent machinalement un linge crème. Elle essaye de sourire. Un sourire discret. Un sourire de femme habituée à ne pas faire de vague depuis au moins vingt ans. Depuis qu'elle est arrivée en Suisse, en provenance du Chili, comme femme de ménage. Elle avait 50 ans. « C'est à cause de problèmes sentimentaux qu'elle est venue ici », explique le fils en baissant légèrement le menton. Elle n'avait pas l'intention d'émigrer, une bonne situation, mais de gros problèmes sentimaux. « Des gros problèmes sentimentaux », insiste la mère. Ils parlent de la vie qui change brutalement. Du travail promis à l'arrivée qui n'existe pas. Des premiers jours passés dans la rue. Puis des employeurs, « gentils », comme la dernière qui vient de mourir à 90 ans. Olga précise rapidement qu'elle n'a jamais eu de soucis avec la police. Parce que c'est souvent comme cela que l'on se présente, lorsqu'on vient d'un ailleurs que l'on juge inférieur. Une phrase, permis de séjour informel, l'espoir d'acquérir le droit d'être là sans déranger.

On repense au perroquet dans sa boîte en carton. À cet oiseau qui débarque tout à coup dans un quotidien en ombres chinoises, et on mesure l'importance du symbole. L'image d'une liberté retrouvée. Le fils, tee-shirt noir et lunettes de soleil sur le crâne, confirme à sa manière, il dit : « C'était un cadeau inespéré. » Le visage d'Olga s'éclaire. Elle raconte l'arrivée du volatile, complètement déplumé sur la tête. « Plus rien, comme ça ! » explique-t-elle en montrant le dos de sa main. « Puis, *poco a poco*, elles ont repoussé. Vertes, bleues, turquoise. »

Le fils sort faire un tour. La mère observe tout dans la salle d'attente, chaque dépliant, le moindre prospectus. Elle se lève, s'approche du panneau d'affichage, de la table basse, trouve enfin ce qui l'intéresse : un flyer de la volière de Loëx. Avec des perroquets. Elle s'anime, montre une photo. « Comme ça, mais petit, tout petit. »

Elle l'a baptisé *Maluca*, « malin », « bizarre », parce qu'à la maison, il n'en fait qu'à sa tête, décide de l'heure du réveil et torpille les tartines du petit-déjeuner. Un rayon de soleil. « Le seul problème, c'est qu'on ne peut plus ouvrir la fenêtre, conclut le fils qui est revenu. On n'ose pas... »

L'assistante les appelle. Olga range le prospectus de la volière de Loëx dans son sac, sautille jusqu'à la consultation, se retourne, regarde par réflexe sous les sièges pour être sûre de n'avoir rien oublié. Puis, très vite ils sont de retour. Elle a les yeux rouges. Le véto a tranché. Il faut enlever la tumeur. *Maluca* sera opéré aujourd'hui. Le fils explique et la mère pleure. Des larmes silencieuses. Les petits cœurs suspendus à son collier en argent tressautent sur sa gorge sans faire de bruit. Olga a l'habitude des sanglots muets.

Le vieil homme en or

Il entre avec son pinscher, bronzé, short, polo, espadrilles bleues à bordures dorées. Il pose le chien sur la balance, souffle en se relevant : 2,5 kilos. Il y a quatre jours, c'était 100 grammes de plus. Le retraité a l'air contrarié. Il s'assied sur un siège gris de la salle d'attente et dit simplement à son animal : « Faut que tu manges. » Il prononce la phrase d'une voix neutre. Un constat. Un ordre mou. Le pinscher a 8 mois. Il l'a depuis dix jours. Il s'appelle *Pablo*. « Comme l'autre », précise-t-il en ajoutant : « J'ai pas voulu changer. » Avant, *Pablo* était un chihuahua. Mais il est mort d'une hémorragie durant l'été. Il avait 11 ans. « Il a eu une belle mort. Il a pas souffert. »

L'homme parle peu. Ses mots sont carrés, concrets, efficaces. Pas de « chichis ». Les décorations sont toutes à l'extérieur : lunettes à montures dorées, collier en or, bagues en or, bracelets, tatouages. Un look ahurissant. On l'interroge sur le vrai nom de *Pablo*, l'actuel. Il fait répéter la question, marmonne en sortant un carnet de vaccination. « *Helman* ». Il épelle, hausse les épaules l'air de dire : « Ridicule… mais où ont-ils été chercher ça ? » puis il remet le document dans son sac et se tait à nouveau, profondément installé dans le siège. Un peu plus tard, il explique qu'il « a trouvé ça » à Lausanne, au refuge de Sainte-Catherine, en montrant le chien qui sautille à ses pieds. « Ils ont dû l'opérer d'un testicule. J'ai rien payé du tout. Juste 180 francs à la SPA. » À son avis, ses patrons précédents s'en sont débarrassés lorsqu'ils ont réalisé que le chien aurait besoin d'une intervention chirurgicale. « C'est quand même des opérations à 600, 700 francs ! » Bref, l'homme est pragmatique.

En tout. Il a eu cinq chiens dans sa vie. Maintenant, il prend « petit ». « À mon âge, j'arrive déjà pas à me baisser… » Et puis, il lui met un harnais à *Pablo*. Pour pouvoir l'attraper. « Ça lui fait pas mal », assure-t-il en faisant la démonstration. Le pinscher est hissé aussi sec sur ses genoux. Une petite caresse. Un grognement : « Il me bouffe le harnais. Au prix que ça coûte ! » Silence. « Et puis il est peureux et il obéit pas. Mais ça viendra, il a 8 mois. » À son air, on comprend qu'il n'en dira pas beaucoup plus. Alors on tente : les tatouages sur ses bras ? « C'est rien. J'étais jeune. J'avais commencé au rasoir, mais j'ai fait faire ça pour cacher la merde au chat comme on dit. » Il montre d'un coup de menton un visage en noir et blanc à moitié effacé sur son avant-bras, tourne la tête. Et la main de Fatima autour de son cou ? Il hausse les épaules : « Rien ! J'aime bien la décoration. Je l'ai depuis longtemps. » Il glisse la médaille sous son polo jaune clair. Le pinscher, oreilles dressées, bondit contre son torse. Le visage du vieil homme s'illumine enfin. Et déjà, l'assistante l'appelle. À sa place, entre un vétérinaire reconverti depuis deux ans dans les assurances pour animaux, une mallette noire à la main. Une jeune femme avec deux perroquets dans une cage, un rouge, un rose, qui confie : « Ce sont les deux qui me restent. Les autres sont morts… » De quoi ? Mystère. Du côté des salles de consultation, soudain, des sons ultra-aigus. Le pinscher, sans doute. Quelques minutes plus tard, à la réception, le propriétaire de *Pablo* attend son tour pour payer et semble agacé. « C'est lui qui a pleuré ? » demande l'assistante. « Il a pas pleuré, il a crié ! On aurait dit qu'il l'égorgeait ! » On entend des bribes de phrases : « Oui, il a le même nom que l'autre… Il mange pas beaucoup… des croquettes de chihuahua… Je lui donne aussi des croissants et un peu de viande séchée. » Dans la voix de l'assistante, un soupçon d'amusement : « Il sait qu'il y a de bonnes choses chez vous, alors il mange pas les croquettes ! » Rire du vieil homme en or : « Ils sont pas cons, hein ? Ils seraient bêtes de manger des boîtes ! Mais quand même, j'aimerais bien qu'il prenne un peu de poids. »

« Langue de jambon »

Un chat et une chienne blanche.

« Tu m'écoutes ?

– Assieds-toi.

– Stop.

– OK, 38 kilos. »

Enfin, elle s'installe. Elle s'appelle Nicole, porte un chemisier et une jupe claire. Sa chienne a 10 ans et demi, de l'arthrose, le souffle court, et avance à grand-peine dans la salle d'attente, tête basse, écrasée par la chaleur. « C'est plus la *Basilique* que j'ai connue ! » Nicole s'exprime en souriant avec un petit air navré. Chaleureuse, ouverte, bien dans sa peau. Avant cette golden, elle en a eu une autre, qui a vécu longtemps. En pleine forme. « Celle-ci, ça fait déjà deux ans qu'elle péclote. » Le chat n'est pas au top non plus. « Il a... Il a je ne sais quoi ! » dit-elle en ouvrant deux paumes impuissantes vers le ciel. Sous cortisone depuis quatre ou cinq ans. « Depuis que je l'ai, le docteur me dit qu'il est mal foutu. Depuis que je l'ai ! Mais ça fait quand même onze ans... » Elle rigole. Caresse son chien qui tire une énorme langue rose en direction du sol en soufflant comme un bœuf. Elle observe les quelques gouttes de salive qui s'écrasent sur le lino. Les regards. Puis lance tout à trac. « Mon petit-fils l'appelle *Langue de Jambon*. » Pardon ? « Oui, *Langue de Jambon*. Il a 12 ans aujourd'hui, mais quand il en avait 5, ça l'amusait, cette grande langue rose qui pendait sur le côté. » Et effectivement, le surnom n'est pas mal trouvé. Le vrai nom de sa chienne, *Basilique*, lui, est apparu comme une évidence lors d'un voyage en Provence. Elle pouffe : « L'éleveuse l'avait appelée *Belinda*. Mais c'est vraiment trop laid. »

Avant d'énumérer le nom de tous ses animaux, elle interroge en plaisantant : « Vous faites quoi de toutes ces questions ? Vous écrivez un livre ? » Puis elle retourne aux prénoms. Il y a *Clémentine*, la chatte. Il y a eu *Ratatouille*, un félin également. Et *Tehmanis* pour la golden qui était en pleine forme, ce qui signifie « T'es sucrée » en indonésien. Cette fois, elle éclate de rire : « Après ça, vous direz : « Madame, vous aimez manger ? » Je m'en suis rendu compte après coup, il n'y a que des noms qui évoquent la nourriture. » La conversation dérive sur les liens entre humains et animaux et elle dit : « C'est vrai, tout est lié. On marchait beaucoup avec ma chienne. Maintenant, un peu moins, elle ne peut plus. Et ce n'est pas forcément bien pour ma santé. Mais bon, c'est elle qui a la priorité. » Nicole sourit une dernière fois, remplacée par une dame en jean, avec un haut en soie rouge. Et deux oiseaux dans un carton, ajouré de petits triangles soigneusement découpés. À l'intérieur, *Simon* et *Lucie*, deux perroquets de compagnie dont l'un a un bec cassé. La femme décrit ses oiseaux, cachés dans la boîte de fortune avec émerveillement : « Des plumes vertes, bleues, comme un maquillage ! » Elle a posé son portable sur le carton, s'interroge : *Simon*, 14 ans, a l'air malade. Mais de quoi ? « Ils ont été en pension un moment cet été. Est-ce que c'est pour ça ? Est-ce qu'il a attrapé des parasites avec les autres oiseaux ? » Elle ne sait pas. Dans le doute, elle est venue avec les deux. Mieux vaut vérifier.

Ça défile aujourd'hui dans le cabinet. L'assistante enchaîne les « Bonjour, je vous laisse me suivre ? » À la réception, on tombe sur Jean, éternelle tenue kaki, même casquette beige vissée sur le crâne, l'homme qui tient la volière de Lœx. L'homme des perroquets. Un peu bourru, comme à son habitude, mais cette fois en compagnie d'une jeune femme qui transporte, elle aussi, des aras. Il est question de femelles qui se font nourrir par les mâles. De femelles polygames. On n'y comprend plus rien mais ça rigole. En consultation, un lémurien et un merle. Le lémurien qui vient d'un parc animalier voisin attend son tour dans une cage sur une table haute. Il est blessé à une patte. Au sol, un chien rôde, curieux. Le lémurien couine. Le merle, lui, est endormi. Il avait une aile brisée. Aucune chance de survivre. Les drames, les rires, tout est mélangé. La vie.

« Booba » et les puces

« Vous avez un appartement ? Pour 60 m2, une bombe suffit ! » L'assistante parle fort, en face d'elle, une dame chuchote. « Il y a en a tellement… sur le canapé, sur le lit… c'est… » Elle ne termine pas sa phrase. Tout son dégoût s'exprime dans ces points de suspension. Elle a des puces et ne sait plus quoi faire. Ne prononce jamais le mot, comme si la seule évocation des bestioles lui donnait de l'urticaire. Elle aimerait disparaître. Mais l'assistante reprend, pragmatique : « Vous avez des enfants ? Des plantes ? Il faut que tout ce qui est vivant soit hors de l'appartement pendant deux heures. » Patiente, elle explique l'aspirateur, le lavage des textiles – tous les textiles –, à plus de 90 °C. La dame hoche la tête, appliquée, docile, prête à faire n'importe quoi.

« Vous avez des amis qui sont venus chez vous avec des animaux récemment ?

– Non, répond la cliente. J'étais en voyage… »

Puis d'un ton soudain plus assuré, comme un cri, elle lance : « Je suis sûre que c'était dans la valise ! » Le dialogue se poursuit sur le fonctionnement des puces, ce qu'elles recherchent, comment elles grimpent ici ou là. La dame n'écoute plus, en plein cauchemar. « Je me suis réveillée à 3 h du matin, j'ai cherché sur internet… Je les sens SUR moi ! » Elle est pratiquement sortie d'affaire, a payé sa bombe, noté mentalement toutes les précautions, lorsque le véto qui passe par là donne le coup de grâce : « Vous avez du parquet chez vous ? Du vieux parquet ? Elles se cachent dedans… » La dame est à deux doigts de défaillir, glisse l'aérosol dans son sac et s'enfuit.

Le téléphone n'arrête pas de sonner. Puis il arrive, avec son cochon dans les bras, qu'il porte comme un bébé, emballé dans une serviette éponge beige. Le cochon s'appelle *Booba*, c'est un kunekune (prononcez kounékouné), une race qui vient de Nouvelle-Zélande. Lui vient d'un parc animalier voisin et il a besoin d'une échographie. Groin retroussé, poils longs et foncés. Le jeune homme qui l'amène explique tant bien que mal dans un mélange d'allemand, d'anglais et de français, que l'animal est endormi pour quinze minutes seulement. Il le tient fermement sur la table, pattes en l'air. La responsable des échographies, blouse blanche impeccable, empoigne une tondeuse : « Je peux ? » L'homme acquiesce. Et la femme rase. Balade sa sonde sous le ventre du porc avant de s'exclamer : « Mais il est complètement bouché ce cochon ! » Il souffre d'un problème à l'urètre. Une histoire de sédiments coincés. La radiologue vide l'animal au moyen d'une sorte de pompe. Le véto jette un coup d'œil. Le gardien prend quelques photos de la main qui lui reste. Ça sent fort l'urine. Au sol, un chien manifeste sa méfiance et jappe. « Mais qu'est-ce que tu fais là, toi ? » interroge la femme, avant de se concentrer à nouveau sur son patient.

À la réception, un couple, lui en imper beige, elle avec un chapeau gris à large bord, tentent de maîtriser leur chien qui porte une muselière. Le chien aboie tellement fort que plus personne ne s'entend. « *Spakoïe, Spakoïe* », répète l'homme en imper, penché sur son chien. Cela veut dire « calme », en russe. Et ça ne marche pas du tout. Le couple finit par ressortir du cabinet. Le cochon est transporté dans une autre salle. Opéré sur-le-champ. L'assistante soupire : « Et je leur dis quoi, moi, aux autres clients ? » Le véto n'écoute qu'à moitié. Le téléphone continue de sonner : « Oui, il va bien. Non, on va le garder encore aujourd'hui et demain, s'il a bien mangé et que sa température est normale, vous pourrez venir le chercher. »

Dehors, le chien muselé aboie encore. La femme au chapeau fume. Sur l'écran, dans la salle d'attente, un énorme cochon rose se prélasse dans une piscine d'enfant. La toile bleue se tord. L'eau se déverse de partout. Et le cochon est en extase.

Douleurs

Elle vient régler les dernières factures. Elle n'a pas eu le courage de passer jusqu'ici. Sa chatte est morte au début de l'été et elle ne s'en remet pas. Elle dit que c'est douloureux. Pleure. « On a tout fait ! C'était à la fin mai, pendant les grandes chaleurs… un staphylocoque sur l'œil, les bactéries se sont développées et elle est partie. » Elle dit encore qu'elle n'y arrive pas. Qu'il faut qu'elle remonte la pente, mais… Elle fait un mouvement d'épaules qui exprime son impuissance à surmonter la perte. L'assistante écoute, compatissante. La femme a besoin de raconter une fois encore sa douleur. « Y'avait un chaton abandonné chez ma belle-mère, mais… » Une fois de plus, elle ne termine pas sa phrase. L'assistante glisse qu'elle doit se laisser du temps. La femme enchaîne : « Pendant un an et demi elle a été malade… Même le lapin, les premiers temps, il courait partout, il la cherchait. » Elle se mouche. Renifle. Relève la tête. « C'est pour ça que je ne suis plus venue. Vous le direz au docteur, hein ? » Elle semble inconsolable. Il faudrait la prendre dans les bras. Que faire d'autre ? Mais elle est à la réception, debout devant le comptoir, à déverser son chagrin. Et peut-être que cela lui fait du bien. Elle parle du manque lorsqu'elle ouvre la porte le matin. Des hauts et des bas. Dit comme pour se raisonner : « Je savais que la fin était proche, j'avais fait les tests, mais j'ai pensé que j'allais la guérir ! » Un cri du cœur. Elle range son porte-monnaie. Fait mine de s'en aller, se ravise. Elle a besoin d'un conseil. Son téléphone est rempli de photos de sa chatte malade. Doit-elle les conserver ? Les effacer ? « Quand je la vois avant sa maladie, elle était tellement belle ! » L'assistante empathique répond que ça dépend d'elle, l'accompagne comme elle peut. « Il y a des gens qui gardent ces images et qui les mettent sur un autre ordi… » La dame remercie, un peu requinquée. Puis s'éloigne vers le parking, la tête penchée en avant, triste, un chignon vissé sur le crâne.

En face de la réception, dans les vitrines, des aliments de toutes sortes et des médicaments. Un diffuseur, « qui aide le chien à se sentir calme et apaisé à la maison ». Avec un produit analogue, juste en dessus, pour les chats. Lui « contribue au bien-être des chats dans leur environnement. Aide à contrôler les comportements indésirables. » Aucun médicament pour soigner les chagrins.

Plus tard, à la réception, deux chiens ont emmêlé leurs laisses. L'occasion pour les propriétaires de faire connaissance en défaisant les nœuds.

« C'est bien, tu sociabilises, lance la dame. C'est un copain. Il a quel âge ?

– Un an et demi », répond le monsieur. Et le vôtre ?

– Huit mois. »

La conversation s'interrompt déjà. Un autre homme entre et lance, énervé.

« Votre téléphone est en panne ?

– Non, répond l'assistante. On est juste surchargés ce matin, on fait ce qu'on peut. »

Une troisième demande des comprimés. Un rendez-vous. Des précisions sur les bouts de métal qui restent dans la hanche, non le genou de son chien. « C'est le genou gauche ou le droit ? Je ne m'en souviens plus… » L'assistante fouille les dossiers. Dans la salle d'attente, une dame avec des baskets très blanches mais sans animal s'est installée. Elle attend son tour pour une échographie. C'est pour son lapin, *Cannelle*, 5 ans et demi. « On pourrait croire que le lapin n'est pas un animal domestique, comme un chat ou un chien, mais c'est la même chose. Pour moi, c'est pareil », dit-elle. Elle ajoute que 5 ans et demi, c'est vieux pour un lapin. Et elle croise les doigts. Sur le panneau d'affichage, on distingue les « Perdus », « Cherche », « Disparus ». Autant de mots écrits en majuscules sur des feuilles punaisées. Des appels. *Bambou*, *Princesse*, *Shicky*, *Twitwi*, *Choupy*, ou encore *Copain*, dit *Le Chinois*. Des douleurs.

Douceur

Il entre sans bruit avec sa chatte, *Hérat*, 19 ans. Une abondante chevelure blanche ondulée, une doudoune sans manches sur un tee-shirt jaune pétant, il a un regard très doux et une ombre au fond des yeux. Cet après-midi, il prend sur lui. *Hérat* ne boit plus depuis quatre jours, ne mange plus, pas même ses friandises préférées : le saumon en tube de la Migros. Elle n'arrive plus à sauter sur le canapé, marche comme si elle était ivre, ne quitte plus la cuisine. Il dit du bout des lèvres : « Je m'attends à repartir sans elle. On verra. » Il parle doucement, ajoute que la chatte a beaucoup baissé, depuis que sa femme est morte, il y a sept mois. Comme si elle ne voulait plus vivre. Qu'elle en avait marre. Que sans sa maîtresse, la vie n'avait plus de goût. Il dit encore : « Elle a eu une belle vie, 19 ans, une belle vie. »

Sa femme est décédée d'un cancer des poumons. Il se souvient de la chatte qui ne la quittait pas, se couchait sur sa poitrine. Il parle avec gentillesse, d'une voix apaisante, calme, sort un vieux téléphone de sa poche, fixe un écran vide et tente de sourire. « Je pense que je n'en reprendrai pas un. Du moins pas tout de suite. On verra au printemps prochain. » On se tait un instant. Puis il lâche, sans réelle interrogation : « Vous devez en entendre beaucoup des histoires comme la mienne, ici… »

Oui. Et puis aussi beaucoup d'histoires drôles. La discussion dérive doucement sur ses poissons d'eau de mer, sa passion depuis toujours. Un aquarium de 500 litres dans lequel nagent des chirurgiens, des étoiles de mer, du corail. « Quand j'en ai marre de regarder des âneries à la télé, j'observe mes poissons. » Il sourit encore gentiment. La chatte miaule un peu au fond de sa cage. « Avant, c'était un tigre ! Jamais elle ne restait comme ça dans une cage. » Il parle d'elle sans la regarder. Ne pas croiser ses yeux jaunes, là, dans cette salle d'attente, pour ne pas risquer de craquer. L'assistante l'appelle. Il emporte la cage, digne et émouvant. On l'imagine repartir seul. Être surpris, une fois de retour chez lui, par tous ces petits gestes machinaux qu'il ne fera plus, tous ces réflexes d'un quotidien soudain évanoui.

Sur l'écran de la salle d'attente, une série de câlins en vidéo. Un dindon qui se jette dans les bras d'un jeune homme, un cochon qui fait des mamours, un poisson qui vient se glisser dans la main d'une femme, une poule, une oie qui se précipitent vers une fillette, une paire de bras. Un chat qui se love au creux d'un cou. De la douceur. Un temps d'automne. Dehors, il pleut. Deux femmes rondes viennent chercher un bouledogue. Même carrure pour toute la famille. Le chien est massif. Une bonne bouille à la Bernard Blier. L'une d'elles porte un tee-shirt noir avec l'inscription en rose fluo « Bouledogue attitude ». Lorsque l'assistante les appelle, leurs visages s'éclairent. Elles retrouvent leur chien, engoncé dans sa collerette. Elles sont aux anges. Il pleut toujours. Il y a de gros bouchons sur l'autoroute. À la TV, une enfant avec une chouette dans les bras, deux border collies enlacés, un chien qui transporte un gros coussin avec cette inscription : « All you need is love… and a dog ».

Dans la salle d'attente, un couple vient d'entrer avec un chien, un border croisé avec un bouvier de l'Entlebuch. Des retraités aux petits soins, qui racontent leur rencontre avec le chiot. C'était il y a quatorze ans, mais leurs mots ont la même intensité que si c'était hier. Ils se souviennent de chaque détail de cette ferme fribourgeoise. L'humanité de la paysanne, les petits chiens sur la table de la cuisine. « Voilà, c'est *Prisca* et on l'aime très fort. » Ils la prennent partout avec eux. « Y compris sur le télésiège », lâche la dame avec une pointe de fierté. Douceur toujours. On a allumé le plafonnier dans la salle d'attente. Un cocon, une bulle. Je n'ai pas revu le monsieur qui s'en allait sans son chat.

Diagnostics de salle d'attente

Un couple de jeunes avec un spitz qui perd ses poils, baptisé *Pluma*. Des mois qu'ils tentent de trouver la cause. Le syndrome de cushing ? La thyroïde ? Une alopécie ? « On a écarté toutes les maladies graves. Si ce n'est qu'esthétique, ma foi… » commence la femme, longue chevelure ondulée. « On veut être sûrs qu'elle n'en souffre pas, c'est tout ce qui compte », insiste l'homme, crâne rasé, un épais dossier à la main. Le chien se terre dans une cage pour chat rose. La fille sirote un berlingot de jus de fruits. Son copain exhibe le ventre pelé de son chien, les pattes dégarnies, repose l'animal et répète, songeur : « Si c'est uniquement une question esthétique… » Ils haussent les épaules en même temps en signe d'impuissance, puis se lancent dans un dialogue de couple en chuchotant.

Un quadragénaire débarque avec un petit chien blanc et noir au milieu des murmures. Il pose trois boîtes de médicaments sur le siège à côté de lui. « Viens là *Speedo* ! » Je lorgne les remèdes en quête d'un indice. En vain. Polaire noire et boucle d'oreille, le nouveau venu renifle en regardant son téléphone. Ça va être la saison des microbes. Il se retourne, observe longuement le crocodile en bois suspendu sur le mur de la salle d'attente, scrute la peinture de l'aigle en plein vol qui lui fait face. Lui aussi cherche un début de conversation. Mais le couple chuchote toujours, rit un peu de l'on ne sait quoi. La discrétion n'a pas que des vertus.

Dans une autre pièce, un assistant tente de suivre en sifflotant la mélodie d'une chanson des années 80 diffusée à la radio. La proprio de *Pluma* enlève distraitement quelques poils sur son pantalon noir. L'après-midi risque d'être longue. Soudain, une femme en imper argenté fait son entrée avec un chat. Il a 16 ans, beaucoup d'arthrose et ne veut plus manger. « Alors, voilà », résume la dame, en mastiquant un Sugus jaune. L'homme à la boucle d'oreille semble soulagé par son arrivée. Il explique aussitôt que son chien, enfin celui de son patron – « je suis le cuisinier d'un prince » – multiplie les crises d'épilepsie. « Je ne savais pas qu'un chien pouvait attraper ça », s'étonne la dame argentée. Hochement de tête connaisseur du cuistot : « Rien que ce matin, il en a fait deux ! Moi, je suis très animaux, poursuit-il. Je sais quand ça ne va pas, je le sens. » Il désigne son nez d'un index dressé, fait un clin d'œil. Il est tout content de pouvoir tuer le temps en discutant. Et il ne s'en prive pas. Il élude rapidement la question sur la race du chien, « un croisé, mais de quoi ? » rebondit sur sa santé : *Speedo*, 17 ans, est un miraculé. « Deux fois il a été diagnostiqué mort, et deux fois il s'est réveillé ! » s'exclame-t-il en dressant à nouveau son index. La dame regarde alternativement l'homme et le chien, visiblement impressionnée. Au point qu'il ne résiste pas : « Un miraculé, je vous dis ! *Speedo*, comme Spiderman ! » Il éclate de rire. La dame sourit et saute sur l'occasion pour enchaîner sur son chat. « Moi, c'est *Bagheera*. Mais mon compagnon l'appelait aussi *Petit Sumo*. Elle faisait 8,5 kilos avant ! Il y a un mois, elle n'en pesait plus que 5. Elle ne mange plus. » Petite pause. « C'est la première fois que j'arrive à porter la cage à la main, tellement elle était lourde. » Mines tristes des clients. Passage en revue d'hypothèses, diagnostics de salle d'attente. L'âge ? Un problème de dents ? « Va savoir ! lance la dame en agitant les mains. Elle fait que boire le jus des boîtes. » *Bagheera* a aussi des problèmes de hanche. Faut-il l'opérer, lui mettre une prothèse ? « Depuis ce printemps, elle a des douleurs terribles. Elle se fige, fait les gros yeux, on sait plus quoi faire. » L'homme à la boucle d'oreille compatit en silence. La dame conclut : « On a attendu l'avis des spécialistes de Zurich, mais ils n'avaient pas d'avis. Alors on a envoyé les analyses aux États-Unis. J'attends les résultats, je ne sais pas. On va voir. »

Drôles d'oiseaux

Des mèches de cheveux blancs qui s'échappent d'une casquette vert militaire, des bottines rouges avec une croix suisse, un imper noir brillant, un pantalon en cuir : la retraitée a un look d'enfer. Son compagnon, habillé sobrement d'une veste beige, tient en laisse un dalmatien qui a de l'arthrose et l'arrière-train bloqué. « Treize ans, c'est déjà un miracle », dit-il en s'installant. La dame, elle, se plante devant le panneau d'affichage, l'épluche méticuleusement avant de s'exclamer : « Il y a beaucoup de chats qui sont perdus ! » Soudain lasse des petites annonces, elle insiste pour peser son chien : « Il a maigri, je te dis. » L'homme le hisse sur la balance grâce à un harnais : « 32... 33... » L'animal bouge, il peste : « C'est des cabochards, les dalmatiens ! » La dame s'insurge : « 33 kilos ? Mais jamais de la vie, jamais ! » Elle le hisse à son tour à grand-peine, puis lance triomphante : « Tu vois, 26, 27 ! » Debout dans la salle d'attente, le compagnon secoue la tête : « La patte arrière droite... elle est pas sur la balance. » Le couple continue un moment de se disputer sur le poids du chien. Puis la conversation démarre sur un prénom : *Daïko*. « Il appartenait à ma fille, commence la dame. Je l'ai récupéré après un grave accident à une patte. Il aurait dû être amputé, mais je l'ai soigné à base de plantes. » Elle fait de la kinésiologie pour animaux. Il est soudain question de flux d'énergie, de fleur de Bach, d'huiles essentielles dans la salle d'attente. L'homme écoute religieusement la femme à la casquette militaire. Le dalmatien s'est finalement couché au pied de son maître. Tout est calme. Elle explique encore avoir entamé ces études alors qu'elle était en activité. Précise au passage qu'elle était « technicienne dans les neurosciences » avec une pointe de fierté. Comme si le rationnel lui donnait du crédit. Avant de conclure : « Le jour de ma retraite je me suis dit : « J'ai assez fait pour les humains, maintenant, je vais m'occuper des animaux ! »

Le parfum de la retraitée flotte encore un peu après son départ. Puis de nouvelles clientes débarquent. Avec un autre style. « Moi, cet été, j'ai attrapé un inséparable ! » La dame, pull blanc imprimé de petits parapluies, lance l'info comme on se présente, fière de son pedigree. « C'est une sorte de perroquet. Il s'est posé sur le balcon, alors on l'a mis dans la cage du lapin, on l'a nourri, on est même allés en France acheter pour 150 euros de matériel chez Jardiland ! On a pris toute la panoplie, la cage, les petits escaliers, et ce qui s'ensuit. Quand on est arrivés chez ma sœur, elle croyait que l'oiseau allait se laisser faire alors elle a ouvert la cage. Et il s'est envolé ! » Elle a parlé d'une traite, presque sans respirer. Face à elle, une femme dans la quarantaine tente d'en placer une : « Nous, on avait trois perruches… » Mais elle est aussitôt interrompue : « Il était jaune et bleu ! On en avait vu un orange vif au magasin. On voulait le prendre aussi, mais il était quand même à 80 euros. » Moues désapprobatrices des deux femmes, bref silence, puis la plus bavarde reprend, songeuse : « On lui avait donné *Cado*, comme surnom, parce que c'était comme un cadeau qu'il vienne chez nous. Et si on avait acheté l'autre, on l'aurait appelé *Doca*. On a fait marrer tout le monde chez Jardiland avec ça ! » Elle rit. La plus jeune sourit poliment. « Nous, on a dû se débarrasser de nos perruches, les voisins se plaignaient du bruit… » Elle est à nouveau interrompue. Les voix se superposent, s'annulent. Victoire de la plus âgée : « Notez, ils ont été sympas au magasin. Quand l'inséparable s'est envolé, ils ont tout repris. » Aujourd'hui, elle vient pour son chat. Et déjà, l'assistante l'appelle.

Reste la femme dans la quarantaine, qui, enfin, peut conclure : « Dans notre immeuble, il y a un chien qui hurle toute la nuit, et personne ne dit rien. Mais pour les perruches… » Du coup, elle aussi a opté pour un chat. « Un chat, ça ne dérange personne. »

Le boom des poules

Elle arrive avec sa mère et une poule noire. Melina a 10 ans, de longs cheveux et un sweat-shirt avec des ronds bleus et gris. L'oiseau est tapi dans un bac de rangement transparent avec un peu de paille. Elle pose le tout délicatement à ses pieds, relève le menton et annonce la couleur : « Elle a la tête toute tordue ! » À côté d'elle, sa mère se tortille un peu sur son siège avant d'entrer dans les détails : « C'est de ma faute… J'ai ouvert le portail et elle est partie. On l'a retrouvée le lendemain, de l'autre côté de la route. » Sur le pull de la mère, « Life is a story », inscrit en lettres argentées. Voilà pour le début de l'histoire. La poule a sans doute été heurtée par une voiture. Une rescapée de la circulation. Mal en point. « Quand on l'a récupérée, elle avait du sang partout sur le devant », complète la fillette en désignant sa poitrine. Un premier vétérinaire qui assure que ce n'est rien. Puis un ostéopathe qui diagnostique une cervicale coincée, « mais pas seulement ». Et les voici en salle d'attente pour une nouvelle consultation. « On a été voir sur internet, une cervicale déplacée ne justifie pas une telle torsion », conclut la mère. « La poule noire s'appelle *Arielle*, comme la petite sirène, explique Melina. C'est celle de mon tout petit frère. » Car dans la famille, chaque enfant a sa poule et ses références. La sienne se nomme *Dobby*, comme l'elfe de maison dans Harry Potter. Et celle de son autre frère, *Yoshi*, à cause du jeu vidéo « Mario ». Deux rousses, une noire. Et trois œufs tous les matins. Les enfants voulaient des animaux, un chat, un chien, des lapins. La mère avait toujours rêvé d'avoir des poules. Ils ont eu des poules. C'est utile et écolo.

Les gallinacés, ils les ont trouvés en France. « J'avais appelé le cercle des agriculteurs, explique la mère, mais ils m'ont dit qu'il n'y en avait pas à vendre à Genève. Il fallait aller sur le canton de Vaud, ou en France. » La famille a donc passé la frontière. Et fait plusieurs magasins avant d'en dénicher. « À Botanic elles étaient bien, elles étaient bios, mais elles étaient déjà toutes réservées. Ça marche bien les poules, ils ont un arrivage chaque semaine ! » Quelques considérations sur les vertus des pondeuses qui grattent la terre du jardin, l'aèrent, ingurgitent les restes et responsabilisent les enfants. Un bout de discussion sur le système électrique qui permet de programmer la fermeture de la porte du poulailler le soir, « au cas où on oublie ». Deux ou trois mots sur un éventuel renard. Puis mère et fille s'en vont pour faire examiner *Arielle*.

À peine 30 minutes plus tard, le temps de croiser un setter irlandais qui ne veut pas descendre de la balance, une dame et son fils, fin d'adolescence, arrivent avec un chat. Il a 7 ans, et a déjà vécu toutes les misères du monde. Plusieurs opérations, un virus dans le foie, etc. La dame est chaleureuse et volubile. Le jeune homme ferme les yeux et ne dit rien. Elle parle de son chat, de son chien, des animaux, des poules de sa voisine. « C'est bien les poules pour les enfants, dit-elle. Et puis c'est utile. Ça bouffe les restes. » D'ailleurs ses voisins ont un poulailler dans le jardin. Ils en avaient parlé lors d'un apéro l'été dernier. De fil en aiguille, alors que le fils s'endort sur son siège, les liens s'établissent. La dame est la voisine de Melina et sa famille. « Ça alors ! Elles étaient là ce matin ? Pourtant le cabinet est de l'autre côté du canton ! » Elle n'en revient pas de la coïncidence. Son fils ne réagit pas. « Tu t'endors, Fabien ? On est soporifiques, c'est ça ? » Un éclat de rire plus tard, ils s'en vont à leur tour. Puis, en fin de matinée, on croise le véto. Alors, cette poule ? « Elle a dû faire une hémorragie cérébrale suite au choc. Ou une attaque cérébrale. » Résultat : « Il faut la nourrir à la sonde pendant quelques jours et attendre. La fille va le faire elle-même. Je lui ai expliqué. Elle veut devenir vétérinaire ! »

« Mimi », « Bibi », « Titi » et les autres

Elle est toute petite, pimpante, débarque avec sa mise en plis et ses deux shih tzu. L'un avec un collier bleu, l'autre rose. Deux faux jumeaux baptisés *Mimi* et *Bibi*. « Mon mari a franchement manqué d'imagination. » Elle, elle avait pensé à *Gin* et *Fizz*. Ou *Gin* et *Tonic*. Son mari a refusé catégoriquement. « Il m'a dit : « C'est moi qui les promène, j'ai pas envie qu'on me prenne pour un alcoolique. » Elle rigole. Heureuse de raconter l'histoire de ses deux chiens de 13 ans, qui n'entendent plus très bien et voient moyennement clair. Des « amours », qui font le bonheur du couple depuis deux ans. Malgré les disputes sur les prénoms. *Bibi* dort avec le « patron ». *Mimi* pose sa tête sur son épaule à elle.

« On cherchait des petits chiens et on est tombé pile au bon moment à la SPA. Ils nous ont dit : « OK, mais vous prenez les deux. » On n'a pas hésité. C'est rare les chiens de cette taille abandonnés ! » Ils appartenaient à un monsieur dépressif, qui ne s'en occupait plus, dit-elle. Et qui a fini par se suicider. Elle raconte l'épisode sans émotion particulière, comme elle parlerait du divorce de sa coiffeuse. *Mimi* et *Bibi* sont chez eux et c'est tout ce qui compte. Leurs prénoms d'avant ? Elle réfléchit, s'y reprend à plusieurs fois : « *Ederswell*… Enfin, quelque chose dans ce genre. En tout cas un nom à trois syllabes. Je ne me voyais pas crier ça dans la rue ! » De toute façon, elle en est sûre : ils comprennent leurs nouveaux prénoms. « Notez qu'ils commencent à être sourds, alors… » Avant, *Mimi* et *Bibi*, ils ont eu un labrador, une « demoiselle teckel », un petit bâtard croisé teckel et épagneul. « Ils ont tous vécu 16 ans. » Elle s'interrompt, regarde ses shih tzu, puis conclut : « Je vais demander au docteur de me donner la pilule miracle pour qu'ils vivent jusque-là. » L'assistante lui demande de les peser avant la consultation. Elle s'exécute. « J'enlève les laisses ou pas ? Ça risque de peser. » L'assistante assure que non. 4,9 kilos pour *Bibi*, 5,5 pour *Mimi*. « Ouh, ils ont grossi ! » Puis la petite dame pimpante disparaît.

Ensuite, il y a une femme avec son chat dans une cage triangle. Une chatte de 12 ans, « un peu vieille », qui a eu des cailloux dans la vésicule. Une jeune fille avec le sien et un téléphone. Puis deux dames sans animaux, une blonde frisée et une ado à gros chignon qui s'extasient : « Qu'ils sont sages, ces chats ! Nous, si on avait ouvert la cage, la nôtre serait partie. » L'assistante leur amène la présumée fugueuse qui vient d'être opérée. « Je vais vous montrer la cicatrice et comment faire pour les soins. » Moue dégoûtée de la mère, la blonde frisée, qui s'adresse à sa fille, l'assistante, et Dieu s'il existe :

« De toute façon, ton père revient vendredi !

– Et pour la facture, on fait comment ? Vous l'envoyez à son adresse ? » interroge l'ado.

Cri du cœur de la mère : « Oui ! J'ai déjà payé la première partie. »

C'est un homme, chevelure blanche, veston bleu et jeans, qui arrive en trombe dans la foulée et balance une cage rose sur un siège. Pas de bonjour, simplement une question qui sonne comme un ordre : « Les toilettes ? » Après, il y a encore un client, moins mutique, qui pose à ses pieds une cage d'oiseau avec un gros matou. Le chat s'appelle… *Titi*. Lui ne voit pas trop l'ironie, le chat est tout simplement trop gros pour rentrer dans une autre caisse. Ils en ont six dans la famille. « Son frère, sa mère, deux autres mâles et une femelle, qui se soufflent un peu dessus mais sans plus. Chacun a son coin dans la maison. » Il sourit. Tiens à montrer la balafre sur le cou du chat, les agrafes qu'il vient faire enlever. « Il a eu un abcès qui a grossi, grossi et qui a fini par péter. » Il ne sait pas ce qui est arrivé à *Titi*. Comme les autres, il fait sa vie. Et il a sûrement ses petites adresses à l'extérieur vu son poids : 7 kilos. Sacrée carrure pour un nom d'oiseau…

La femme aux rats

La jeune fille porte une petite boîte carrée recouverte d'une écharpe, de longs cheveux clairs, un piercing léger sur la narine et une polaire beige. Sa mère a un bonnet de laine vert vissé sur la tête. Les deux femmes couvent la boîte du regard comme un trésor. À l'intérieur, *Mia*, un rat de quelques mois. « Elle est née le 24 septembre », lance la mère. « Comme moi ! » s'exclame sa fille. *Mia* éternue et a le nez qui coule. C'est mauvais signe, assure la maman. Elle s'y connaît : le véto l'a surnommée la « femme aux rats ».

La fille de la « femme aux rats », c'est Aurélie. Et elle aussi est passionnée par les rongeurs. « Avant, c'était les hamsters, les cochons d'Inde, comme tout le monde, mais maintenant c'est les rats. Je ne sais pas pourquoi. » Son premier : *Ratatouille*, un rat bleu, comme dans le film, qui a vécu cinq ans et « faisait des bisous dans le cou ». Aurélie découvre délicatement la boîte, sort la ratte noir et blanc, qui lui grimpe aussitôt sur les épaules, en disant d'un air assuré : « C'est fragile un rat, comme un chihuahua, un coup de vent et paf ! » Vive, bavarde, elle répète qu'elle aime les animaux hors du commun – « c'est plus original ». Et qu'elle ne comprend pas pourquoi les rats effraient tant les gens. « Je ne vois pas en quoi ils sont dégoûtants ! C'est peut-être leur longue queue qui fait peur… » Elle a l'air de trouver ça nul. Christine, la mère, partage son avis. Elle hausse les épaules, puis soupire en rajustant son bonnet : « J'en ai sauvé, des rats ! » Il y a quelques années, elle a trouvé deux gerbilles – des souris – dans une poubelle, prisonnières d'un vivarium à serpents. « Y en avait cinq, deux mortes, on a récupéré les trois autres. Elles ont vécu un moment. » L'une est devenue aveugle. Les deux autres allaient lui apporter à manger dans sa gamelle. L'histoire émeut la mère et la fille. Elles se sourient. Se comprennent. Et les récits de sauvetage s'enchaînent. « Moi, j'ai récupéré un rat chez une copine qui ne s'en occupait pas. Pour elle, c'était juste un caprice. Je lui ai dit : « Tu ne l'aimes pas, confie-le-moi et je te donnerai des nouvelles. » Elle ne m'a jamais rien demandé. » Chez elles, elles ont aussi deux chiens, deux chats et un lapin qui « était destiné aux serpents ». Tous des rescapés. Elles adorent les animaux. « On nous les amène, on ne sait pas trop, c'est le bouche-à-oreille... » dit la fille. « C'est comme ça », approuve la mère. Chacune montre des photos. Elles se coupent la parole tant elles sont enthousiastes. « Même si j'ai pas trop les moyens, je n'ai jamais laissé tomber un animal », conclut Christine. *Mia*, elle, a été achetée dans un magasin à Nyon il y a quelques semaines. « Quand un rat éternue, a le nez qui coule et qu'il y a quelques gouttes de sang sur les narines, c'est le signe qu'il est malade », redit-elle, la mine grave.

Aurélie hoche la tête, presque déjà résignée : « Bon, voilà, on va voir ce qu'il va dire. » Un peu plus tard, la maman revient dans la salle d'attente. « Le véto m'a encore appelée la « mère rat », s'exclame-t-elle, ravie du surnom. Son bonnet vert toujours enfoncé sur le crâne, elle montre un bout de papier où il est écrit en gros au stylo : « porphyrie ». « C'est la maladie du rat ! On est parties pour cinq jours d'antibiotiques. Si des gouttes roses continuent de couler du nez quand elle éternue, c'est la porphyrie. » Elle n'a pas l'air contente. S'énerve contre un vendeur imaginaire. « J'en étais sûre ! Quand j'ai vu qu'elle éternuait, je le savais. Je l'ai dit tout de suite, si elle a le nez rouge, c'est direct chez le véto ! » Son débit de voix s'est accéléré. On peine à la couper pour lui demander si ça se soigne, la porphyrie. Elle hausse les épaules. « Non. Il faut vivre avec. » Elle a envoyé un e-mail au magasin. « Pour qu'il participe à la facture ! » *Mia* a coûté 15 francs. La consultation sans doute un peu plus.

« Guzi »

Elles débarquent de la Vallée de Joux. Aucun véto ne soigne les geckos là-haut. C'est une voisine qui les a descendues. Sylvie et Marie-Christine, elles, n'ont pas le permis. Plus d'une heure et demie de route pour soigner *Guzi* : le reptile a une grosse boule rose juste sous la queue. « Ça pourrait être un prolapsus cloacal, les organes qui descendent… Mais ils disent tellement de choses sur internet », lâche Marie-Christine, la mère. « Faut être méfiant », renchérit Sylvie, la fille, en soulevant délicatement le couvercle bleu du Tupperware pour montrer l'animal. *Guzi* a mué lundi. Cette protubérance, elle, est apparue brusquement. Elles sont inquiètes. L'an dernier, elles ont déjà perdu un gecko. « Il a fait tellement chaud. Même en montagne il fait chaud maintenant. »

Cette fois, elles ont été voir un premier vétérinaire, suivi les conseils d'un magasin à Nyon : on leur a recommandé de venir ici. Elles disent : « Nous, on veut les meilleurs pour nos animaux. » Polaire rouge pour la fille, anorak noir et bonnet de laine pour la mère, elles sont nature et chaleureuses. Surtout, elles ont envie de parler. Le gecko appartient à la sœur aînée qui n'a pas pu se libérer. « Au début, elle voulait des serpents, mais on a dit non. On était pas trop chaudes », dit la mère aussitôt approuvée par sa fille, qui esquisse une grimace de dégoût. « Alors je lui ai acheté deux geckos pour son Noël. C'était il y a trois ans. Elle y tient beaucoup. » D'ailleurs, sonnerie dans la salle d'attente, elle appelle déjà pour avoir des nouvelles. Elles n'en ont pas encore. *Guzi* est sur le billard. « Ils vont l'endormir au gaz. On doit attendre

20 minutes », explique Sylvie à sa sœur. « Il va l'ouvrir et lui remettre les organes dedans », poursuit Marie-Christine en s'adressant à la voisine. Un grand soupir, et puis cette phrase tant de fois entendue dans la salle d'attente : « J'espère que ça va bien se passer. » La voisine rassure, puis sort faire un tour.

La mère et la fille reparlent de la vallée, enjouées. « Pour les animaux de compagnie, y a pas de problème, y a plein de vétos chez nous. Mais pour les NAC, ces nouveaux animaux, y a rien. On est une trop petite région », reprend la mère. Sylvie enchaîne, l'air sérieux : « On a déjà plus de magasin d'animaux ! Il a fermé. Les gens descendent en plaine. Ils sont comme tout le monde, ils doivent aussi calculer. On fait tous attention à notre porte-monnaie. » Elles se sont rapprochées. Veulent montrer des photos de leurs chiens. De leurs chats, qui ne sortent plus de l'appartement depuis que l'un d'eux a été écrasé sur la nationale l'an dernier. Et puis aussi l'image de ce chat noir, récupéré dans un sale état. « Il était tellement moche ! Même la SPA ne l'a pas voulu. Ils pensaient ne jamais pouvoir le placer. Vous voyez comme il est devenu beau ? » s'exclame fièrement Sylvie.

Elles pourraient bavarder pendant des heures, complices. Parler des animaux, de cette Vallée qu'elles aiment tant, de la vie. Mais l'assistante appelle la mère et la fille : « Je vous laisse venir ? » La voisine revient dans la salle d'attente. Avec les traits crispés et un mauvais pressentiment. Quelques minutes plus tard, Marie-Christine réapparaît. Sur ses joues, deux torrents, intarissables. Entre deux sanglots, dans les bras de la voisine, elle répète les phrases fatales : « Il avait du sable plein le ventre… Il a confondu le calcium et le sable… Rien pu faire. »

La voisine console, enlace, apaise. Elle est infirmière en soins palliatifs. À la réception, Sylvie règle la facture en écoutant les explications. Elle est blanche à force de retenir son émotion. « Le plus dur sera de l'annoncer à la sœur. Elle y tenait beaucoup. » Ne pas craquer, pas maintenant. Assurer, pour sa mère et sa sœur. Il y a une infinie tristesse dans la salle d'attente. Elles vont refaire toute la route jusqu'à la Vallée. Avec un Tupperware vide. Et une boule au ventre.

Brigitte Bardot

Deux dames. L'une brushing impeccable, qui débarque avec son york baptisé *Eliott*. L'autre, longs cheveux blancs noués en queue-de-cheval, chemisier ample à motifs et leggins bordeaux, qui s'agrippe à une poussette pour chien. Elle s'installe. Caresse un bichon neurasthénique, qui se planque dans la poussette, et entame la conversation. « Il a peur des autres chiens, explique-t-elle. Ses anciens maîtres l'ont jeté dans un enclos avec deux monstres qui se sont acharnés sur lui pour s'en débarrasser. I a eu des points de suture et tout et tout. Alors ne lui parlez plus des chiens ! » Le bichon a 12 ans. Il en avait 4 au moment du drame. Il s'appelle *Jimmy*, pèse 6 kilos, a perdu 600 grammes et ne mange plus depuis trois jours. Sa « mère » est rongée par le souci. « N'aie pas peur mon chéri, maman est là ! »

La dame au brushing écoute poliment avec les expressions ad hoc : stupéfaction, horreur, soulagement. Puis observe la poussette du coin de l'œil. Ce qui fait frissonner de plaisir sa propriétaire :

« 170 francs chez Qualipet. Avec ça, on peut aller partout : au restaurant, au magasin. Comme ça personne lui marche dessus. J'ai aussi acheté la capote pour les bébés, ça s'adapte parfaitement.

– Eh ben, t'es pas gâté, toi, hein ? place enfin la dame au brushing en caressant machinalement son chien qui est là pour un souci à la patte. Je pensais que les nôtres étaient gâtés, mais alors là… »

Sourire radieux de sa nouvelle copine de salle d'attente. « Je suis Brigitte Bardot. En exagéré ! » Elle se tourne aussi sec vers son bichon, le borde tendrement. « Je lui ai fait faire un petit duvet en plumes sur mesure. Avec de la vraie plume. 160 francs, mais ça vaut la peine. » *Jimmy* s'enfonce dans son cocon. *Eliott* s'agite un peu sur les genoux de sa maîtresse, qui rétorque : « Lui, il a toujours trop chaud. » Et toc. Bref silence. Puis c'est reparti pour un tour. La dame à la queue-de-cheval explique qu'elle garde des animaux pendant l'été. « Que des chiennes, précise-t-elle en baissant la voix. J'aime pas garder les chiens. » Bien sûr, elles dorment sur son lit et elle est aux petits soins avec elles. « Avec moi, c'est massage matin et soir ! » Elle offre un sourire triomphant. « C'est pour ça que j'aime pas garder les mâles. Ils ont ce truc dur, là au milieu, c'est pas pratique pour les massages. » Rire gêné de la nouvelle copine. Mais Brigitte Bardot enchaîne : « Ah, il faut aussi que je dise au véto qu'il a la cataracte. Et puis j'aimerais aussi qu'il lui fasse une radio de l'arrière-train. »

Enfin c'est son tour. Quelques minutes plus tard, elle est de retour. Déconfite. « Il doit lui arracher les dents. Ils l'ont endormi. Je suis bouleversée. Je sais pas comment je vais faire. Il mange pas les boîtes. Que des croquettes et des lamelles de fromage. » Elle sort un sandwich, en croque un morceau, préoccupée. Dans la salle d'attente, d'autres clients sont arrivés. Elle fait aussitôt connaissance : « J'ai mon chien qui est chez le dentiste. » Une femme blonde dénuée d'empathie s'exclame :

« Ah c'est pour ça qu'on entend la machine… enfin la…, comment ça s'appelle déjà ?

– La fraise », termine d'un air morne Brigitte Bardot.

On entend des gémissements. Elle se lève, tourne en rond avec sa poussette. « C'est des pleurs ! C'est le mien ? Si c'est mon chien, j'y vais tout de suite. » Mais rien ne se passe. Elle se rassied. « Quand je vais le perdre ça va être très, très dur. Alors je me prépare moralement. Je me dis que je pourrai enfin aller à la piscine, au théâtre, au cinéma. Y a plein de choses que je ne peux plus faire avec lui. On ne se quitte jamais. Même pour aller à la boîte aux lettres. Il ne le supporte pas. » Elle soupire. « Et puis mon lit sera pour moi toute seule. C'est comme ça que je me prépare. Dans la vie, je crois qu'il faut toujours se préparer au chagrin. Ça va arriver, mais le cerveau, il faut qu'il se prépare. »

Chien de labo

Une dame blonde s'ennuie en attendant son tour. Et son chien. Elle a sorti un ordinateur et tapote sur ses genoux. À la réception, l'assistante répond à un téléphone et cherche du lait de chèvre pour un cabri dont la mère est morte. Chez Landi ? Chez un paysan ? Qui a encore des chèvres dans le canton ? *Jackpot*, le chien du véto, promène son museau de la salle d'attente aux couloirs du cabinet. « Salut bébé ! » Une dame avec un foulard en soie coloré noué autour du cou entre avec un beagle dénommé *Paco*. « C'est un chien de laboratoire », dit-elle. Et on le regarde soudain autrement. Mais *Paco* a l'air normal. Mis à part la collerette blanche qui l'empêche de se lécher le derrière. Le chien vient d'une SPA de France voisine connue pour récupérer des animaux qui ont servi de cobayes. « Vous n'êtes pas au courant ? Vous êtes pourtant journaliste ! C'est l'Association Graal qui fait ça. » Graal, Groupement de réflexion et d'action pour l'animal, est une association française qui récupère gratuitement des animaux auprès des laboratoires et les cède à des refuges. L'objectif : donner une deuxième vie à des chevaux, des rats, des lapins, des vaches, des cochons, des chiens ou des chats à la fin des protocoles. Près de 4000 animaux ont ainsi été sauvés depuis 2005. Fin de la parenthèse Google et retour à la salle d'attente. « Graal a distribué 32 beagles au cours des deux derniers mois. Une quinzaine a atterri dans cette SPA de France voisine », s'exclame la dame au foulard en soie. *Paco*, lui, vit avec elle depuis trois ans. Il a 5 ans et presque 8 mois. Elle pense qu'il est né dans un laboratoire. Lequel ? Qu'a-t-il subi ? Elle ne sait pas. En tout cas il ne vient pas du centre de recherche situé en Allemagne, près de Hambourg, qui serait un des plus terribles, selon elle. Elle a vu un reportage. Une pause. Puis elle reprend : « Vous savez pourquoi les beagles sont particulièrement utilisés pour les tests ? Parce qu'ils supportent bien la douleur. » Vraiment aucun signe sur son chien ? La dame hausse les épaules, presque agacée. « Il a très peur des blouses blanches. Un jour je suis allée chez le podologue, il portait une blouse blanche et *Paco* lui a sauté dessus. Il voulait le mordre. Il était devenu férocce. »

Un témoignage qui concorde avec ceux glanés sur le Net. Ces animaux seraient craintifs. Un peu comme des chiots auxquels il faut tout apprendre : de la propreté à monter les escaliers, de la sensation de l'herbe au bruit des moteurs. Bref, pas simple de passer du labo au canapé. « Mais qu'est-ce que c'est gratifiant de pouvoir sauver un animal ! » Elle se tait, regarde son beagle avec tendresse. C'est la première fois qu'elle en a un. « Moi, j'ai toujours eu des fox-terriers. Celui-ci, il se laisse tout faire. Vraiment. » Une crème. Pourtant, elle ne voulait plus de chiens. Elle voulait voyager. « C'est lui qui m'a choisi. Je suis la deuxième propriétaire après le labo. » Elle l'a vu dans la rue, l'a gardé une fois pendant les vacances d'été. Il n'est plus reparti.

Puis elle revient aux expérimentations animales. Les singes, attachés sur des sièges, par exemple. En essayant de mimer, les bras en croix, elle dit : « Des images insoutenables. Je n'ai même pas envie d'en parler, en fait. » Alors, elle évoque à nouveau l'association. S'interroge. « D'un côté, c'est bien, parce qu'ils sauvent des chiens. De l'autre, c'est pas l'idéal, parce que ça permet aux labos d'en prendre de nouveaux pour leurs expériences. »

Elle semble hésiter, mais finit par conclure : « C'est vrai que si personne ne les prend, ils les tuent de toute façon. »

Vérification faite : Graal « exige de ses partenaires qu'ils n'intensifient pas le recours au modèle animal, et réutilisent au maximum les animaux déjà impliqués dans des protocoles ». Pour rappel, il y aurait 12 millions d'animaux sacrifiés chaque année en Europe, dont 586 643 en Suisse en 2018.

Et la tendresse

Un sac qui miaule. Une jeune femme rayonnante, avec les dents du bonheur, une doudoune grise et un bonnet de laine noir. « C'est une petite chatte, elle est pas contente, pas contente du tout, elle aime pas le véto, hein *Lou* ? » Elle pose une main protectrice sur le sac dans l'espoir de calmer l'animal. Mais ça ne marche pas, alors elle dit encore deux fois « chut ! » puis elle se met à raconter la vie du chaton, la sienne, celles de ses animaux en général, comme pour excuser les miaulements. *Lou* a 4 mois et pas encore de vaccin. Il y a encore *Naïla*, un petit siamois. Et surtout *Laska*, son chien, un bâtard qu'elle emmène faire du paddle sur le lac Noir chaque été. « Vous connaissez le lac Noir ? C'est à Fribourg. » Elle veut montrer les photos du lac, du chien avec son gilet de sauvetage, des chats. Elle veut parler des animaux qui vivent à l'EMS où elle travaille, du bien que cela fait aux personnes âgées. Elle est intense et passionnée. Presque confuse tellement elle veut bien faire. Tel locataire a adopté un chat. Un chat âgé car il ne veut pas le laisser seul après son départ. Tel autre a récupéré celui d'une voisine qui ne pouvait plus s'en occuper. « Il a juste déménagé d'un étage, dans la chambre du dessous. » Elle parle encore des deux perroquets, *Maya* et *Coco*, plantés à l'entrée de la résidence, qui enchantent les locataires. De *Coco* qui siffle et de *Maya* qui cause, répète « bonne nuit, bébé », aux vieux qui lui passent devant en claudiquant. La jeune femme rajuste son bonnet, offre un sourire radieux et insiste : « C'est important les animaux dans un EMS. Les personnes âgées ont besoin de contact, de tendresse, d'affection. Et souvent, elles sont seules. Il y a en a beaucoup qui sont isolées, sans famille. »

Elle dit avec des mots simples le besoin de caresses. Et combien, quand on est âgé, plus personne ne nous touche. Elle, c'est la concierge. Celle qui remarque tout, et veille discrètement sur la dizaine de chiens, de chats qui vivent là. Heureuse de son sort. Heureuse de s'occuper des bêtes et des humains. Elle parle sans s'arrêter, montre encore des photos, et maintenant confie les drames. La mine sombre, elle évoque l'histoire de cette dame qui refusait de se faire hospitaliser pour ne pas abandonner son bichon. « Elle ne voulait plus s'alimenter. Elle disait : « Je ne peux pas laisser mon chien tout seul. » Elle a pourtant dû s'y résoudre. Et l'animal a été confié à l'Oasis des vétérans, à Fribourg. « Vous connaissez ? La patronne s'appelle Marina. Elle recueille les vieux chiens dans sa ferme… » À nouveau les photos défilent sur son portable : l'arrivée du bichon en pension, les lits de bébés transformés en niches. Soudain, elle relève la tête, soucieuse : « Vous ne mettrez pas les noms, hein ? Je n'aimerais pas que la dame soit triste. » Car la dame s'est rétablie, pas le chien. Il était âgé et avait, lui aussi, des problèmes de santé. « Il est resté six mois à l'Oasis des vétérans avant de décéder. »

Les récits s'enchaînent. Douloureux, joyeux, émouvants. Comme celui de cette pensionnaire âgée de presque 100 ans qui, toute sa vie, a eu des chiens, avant de se rabattre, en fin de parcours, sur deux souris et un oiseau. « Pour elle, c'est plus simple, plus raisonnable. Les résidents savent qu'ils vont mourir et s'inquiètent pour l'avenir de leurs bêtes. C'est presque fusionnel, comme s'ils étaient en couple. L'animal devient un compagnon, presque un humain. Vraiment ! »

La jeune femme s'en va avec son sac. Plus de miaulement, juste ce sourire solaire qui réchauffe. Et déjà on la regrette. Quelques clients plus tard, un bonnet en laine noir réapparaît dans l'encadrement de la porte. C'est elle qui revient pour dire au revoir, toujours aussi naturelle et rayonnante. *Lou* est vaccinée. « C'était cool de parler avec vous ! »

numérique
Impression & brochage - France
Numéro d'impression : N00432200901 - Achevé d'imprimer : Septembre 2020
IMPRIM'VERT®
Certifié PEFC
Ce produit est issu de forêts gérées durablement et de sources contrôlées
PEFC™
10-31-3532
www.pefc-france.org